雜談的能力

生活中想遇到好康，
工作時想遠離爛事，
你得從不談正事的軟話題開始

擅長將複雜難懂的知識，換成圖解的專家
速溶綜合研究所 ◎著

比基涅斯博士　　性別：男　年齡：55 歲

速溶綜合研究所的研究員，專攻社會學。常年帶著助手到不同的地方去考察，喜歡在隨身攜帶的手帳上記錄各種細節。最近對於社會人的自我啟發也產生了興趣。最喜歡的身體部位是鬍子。

艾瑪　　性別：女　年齡：25 歲

比基涅斯博士的得力助手。由於有新聞記者的經歷，所以對於現場的確認特別執著。認真是艾瑪最大的特點，所以很多時候說話比較直，但她是內心非常淳樸善良的女孩子。

小廣　　性別：男　年齡：23 歲

剛進入公司 1 年的小職員。在大學裡沒有社團活動的經驗，所以不是很擅長社交。遇到困難時愛獨自想像情景，不過最終還是會回到現實。雖然在工作上也容易糾結，但是也很喜歡動腦筋，遇到挫折總能找到戰勝的方法。

人物簡介

小星　　性別：男　年齡：28 歲

在職 6 年，是小廣所在部門的前輩，也是林組長得力的助手。平時性格開朗，樂於助人，經常幫助其他同事。喜歡與大家分享自己的工作經驗，受到大家的喜愛。

小步　　性別：女　年齡：22 歲

與小廣同一年進公司的新人，座位在小廣的正後方。擅長 Excel 等辦公軟體，非常樂於在這方面幫助同事。由於重視團隊精神，當部門成員在一起討論問題時，她經常積極發言。

林組長　小澤　小池

公司同事

小廣公司裡的主管和同事，彼此很和睦，經常在一起討論問題，互相幫忙。雖然他們各自的意見不同，但他們的意見成了小廣在危急時刻腦洞大開的助力。

CONTENTS

工具箱

CONTENTS

推薦序

聯想力就是你的雜談力

亞洲第一激勵達人／鄭匡宇

現代人大量依賴電腦和手機上的通訊軟體，與陌生人甚至是親友溝通。也許有些人會質疑：那是不是以後碰面說話的能力，變得不是那麼重要了？

不！越是在這樣的時代，你若具備了能夠跟任何人面對面聊天的能力，立刻就能在芸芸眾生之中脫穎而出。這有點像「禮貌」一樣。不是越來越多人都在抱怨現在的年輕人沒有禮貌？你反著做，非常有禮貌，豈不是能獲得長輩以及掌權者的青睞，將好的任務及位子交付於你，墊高你在職場的地位？

那麼，雜談的能力該如何訓練？在《雜談的能力：生活中想遇到好康、工作時想遠離爛事，你得從不談正事的軟話題開始》這本書中，提供了許多心法和技巧，很多都是我親身驗證過，並且行之有年、確定有效的。例如，認識新朋友時，懂得察言觀色，並且運用「聯想力」來延伸話題，始終是一個很好的方法。

多年前我還是大學生時，去外校找同學，看到想要認識的女同學，會想盡辦法用「最自然」的方式跟她搭訕。而話題往往會從我是誰（讓她知道哪個學校的學生）開始，進入到我來找某某系的朋友（透露本來只是來找朋友，剛好看到她才來說話的），接著順勢聊到我朋友的科系，然後問她：「妳該不會也是那個科系的吧？」無論她回答「是」或「不是」，我都能接著說。

如果對方答「是」，我就說：「那妳應該認識那個朋友某某某吧？他是系學會的，聽說蠻活躍的……」她再接著說：「有聽過」或「沒聽過」，我一樣能順著她的回答繼續講下去。有聽過，代表我們有共同認識的人，彼此距離瞬間拉近；沒聽過，那也無所謂，這表示我朋友很失敗啊？明明那麼想紅，都努力當上系學會幹部了還是沒人鳥他……反正就是不斷延伸話題就對了。通常這麼做，都能使對方哈哈大笑，話題綿延不絕。

但要注意的是，想成為真正的朋友，營造愉快的對談，絕對不可以「只問問題，不提供自己的資訊」，因為那麼做，就像個需求感極強的怪咖。只想獲得，不想給予，誰會想和這樣的人做朋友？

靠著這樣的方式，我與大部分的人都能在一碰面時，達到相談甚歡的效果。

但讀者必須了解的是，我們的本意再良善、雜談技巧再好，都無法避免一個窘境，那就是如果對方打從一開始就不喜歡我們、有先入為主的厭惡和敵意，那麼這時說再多、耍再多技巧也沒用，還可能落得對方事後到處說我們是「裝熟魔人」的下場。

這時候，具備高段雜談技巧的人，一定會知所進退，一看對方沒有繼續聊天的意思，就打退堂鼓、優雅告辭，給彼此一個從容的臺階下。能做到這樣的境界，才是真正的雜談高手！

期待大家都能運用書中的技巧，結交到如知己般的朋友，和能在職場上幫助自己的貴人。至於打動不了的人，那就算了吧，我們不可能和每個人都做好朋友，但至少能與大部分人維持友善的關係。

第1章 獲取人心的雜談力

1 有公事才問同事？錯！沒事更得找同事

雜談，是一種主題不那麼鮮明卻能拉近雙方距離，促進雙方深入認識的一種談話方式。因此，雜談在生活交流中占據著非常重要的位置，起著調劑人際關係的重要作用。其中最常見的雜談就是打招呼和聊天。

小廣和小步是同期進公司的，在一次分組郊遊的公司集體活動中，小廣遲遲找不到跟自己一起同組的同事，而小步卻正好相反，不少同事都樂意跟她同組。小廣很納悶，完全不明白為什麼。林組長看到小廣的情況，熱心的提醒他：「要學會多跟同事打交道，有事沒事聊兩句，你看人家小步，跟誰都能聊，人緣就是這樣聊出來的。」後來小廣不再是有公事才找同事，平時沒事也會加入同事的「閒聊會」。慢慢的，小廣開始融入公司這個大家庭。

正如前面提到的，小步之所以比小廣更受同事喜愛，很大的原因是因為小步善用雜談這種人際關係的潤滑劑。

QUESTION 疑問

如果在路上遇到不是很熟悉的鄰居或者同事，除了打招呼之外，還能聊些什麼？

早啊
Hi
今天好
漂亮

我要和
小步同組
小步和
我們同組

圍成圈，沒人
要和小廣同組

ANSWER 回答

可以選擇一個輕鬆的話題切入，適合的話題因人而異，標準大致是基於雙方的共同性而引出的話題。

或許很多人會覺得跟不熟悉，甚至陌生的人聊天是一件很彆扭的事。那麼，我們可以從最基礎的打招呼和閒聊開始。

1. 雜談的敲門磚，就是先向別人問好。

想要有效的展開一段閒聊，首先要學會和別人打招呼。因為簡單的一、兩句招呼，是我們向別人傳遞對話欲望的訊號。常用的打招呼方式有幾種，一種是向別人問好，如「你好」、「早安」。另一種就是表達你對對方的關心，比如問對方：「吃飯了嗎？」、「今天過得怎樣？」這類問題。還有一種打招呼的方式就是自我感覺的描述，比如「哎呀，最近天氣轉涼了。」、「加班加到現在累死了，你呢？工作忙嗎？」

2. 光打招呼還不行，後續的話題很重要。

如果說打招呼是我們給對方留下良好第一印象的利器，那麼接下來的聊天就是藉由談話拉近彼此距離的關鍵。所以，打完招呼之後，我們可以尋找一個輕鬆的話題切入，開始和對方聊天。

打招呼和聊天

❶打招呼和聊天可以開啟雜談。

適合閒聊的切入話題因人而異，基本的標準就是話題能激起對方的共鳴。比如聊天對象是同事，我們可以談工作；對象是鄰居，我們可以談社區物業管理等。總之，就是尋找雙方有共鳴的話題，達到理想的雜談效果。

雜談並不難，關鍵在於面對不同的人或者場景時，根據實際情況，選擇有共鳴的聊天話題。

2 聊天不一定要有目的，話題空洞也沒關係

不少人在跟別人聊天之前總是考慮很多，擔心對方對你的話題的認知度；擔心說話的語氣、方式；擔心內容的充實性等等。其實，成功的雜談更注重雙方聊天的順暢度，內容的實際性在某種程度上反而是其次的。

小澤在午休時間進入茶水間，發現小池與小星正在聊天。小澤以為在談論什麼大事，卻發現小星和小池其實只是在閒聊，聊一些與工作無關的事。小池找小澤一起聊兩句，小澤以工作忙為由拒絕了。一個月之後，小澤發現小池跟前輩小星熟絡了不少，而自己和小星還是處於一問一答的關係。小澤很困惑，就跑去問小池。小池告訴他，雜談有雜談的力量，不要小看這些與工作無關的交流，這些私下的閒聊才能讓雙方關係更加熟絡。

小澤認為，討論與工作無關的話題並不重要；而小池則明白雜談的話題，即使空洞也無所謂，因為雜談的目的不是探討某一嚴肅的話題，而是拉近彼此的距

QUESTION 疑問

日常生活中，我們常會遇到沒有任何目的和意義的談話，這樣的談話還要繼續下去嗎？

不了，我還有工作。
茶水間
小澤，我們在聊電影，你不是喜歡看電影嗎？

你和小星的關係怎麼那麼好？
因為雜談啊，可不要小看雜談啊！

ANSWER 回答

雜談的目的不是解決問題或者獲取各種資訊，而是拉近雙方的距離，讓談話雙方的關係更加熟絡。

離，讓彼此關係更加熟絡。

雜談本身並不是一種針對某一內容，講求即時效果的談話方式。在交談的過程中，並不刻意追求資訊的獲取，而是更重視雜談過程中雙方的互動性，以及後續對雙方關係的影響。所以，大家不必擔心聊天的話題是否具有特別的意義，簡單日常的內容也能讓彼此交流得很開心。

1. 雜談，可以是無目的性的。

一般來說，如果我們需要就某個具體內容，帶著目的性去找對方談話，那是一種討論、洽談或者請教、請求。而雜談並不屬於這種帶有目的性的對話方式，無即時意義、隨說隨停才是雜談的特點。因此，雜談的內容可以是無目的性的。

2. 重視過程而非內容。

雜談講究的是談話過程中雙方的互動，並非側重談話內容本身。我們要明確雜談的作用，不必過分強求每一次交談都言之有

雜談的特點

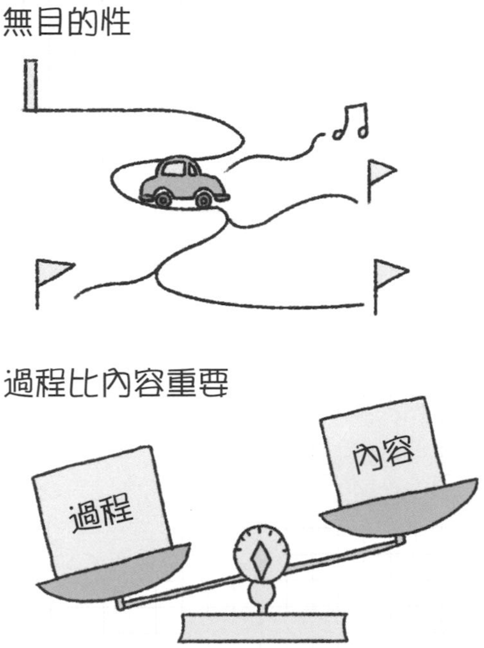
無目的性
過程比內容重要
過程
內容

物。過分講究目的性的談話容易讓人產生抗拒或者防備心態，不利於雜談的展開；且如果每一次交談都要帶有特定的具體內容，那也就失去了雜談的意義。總而言之，雜談的意義在於透過對話讓雙方關係變得更好，而非就某一具體內容進行討論。所以，對於談的內容我們可以持開放態度，即便內容無實際意義，也沒關係。

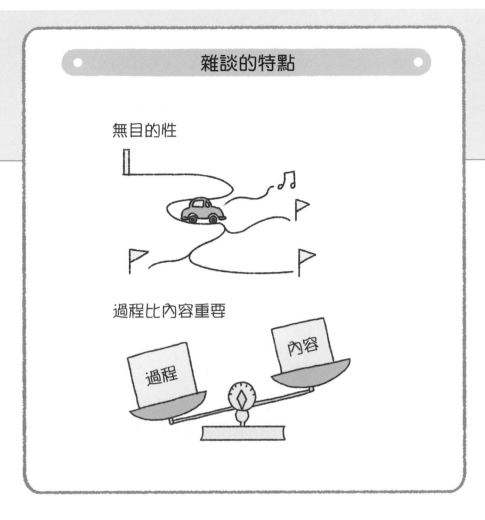

3 聯想遊戲，讓你的話題源源不絕

冷場，是雜談最大的失敗；相反的，話題不斷就是成功的雜談。因此，想要成功的展開交談，我們就要練習自己的發散思維以及聯想能力，讓話題一個接一個的湧現。

最近公司召開了月度分享會，其實就是邀大家一起以閒聊的方式，說自己的工作、生活，希望藉此讓大家互相熟悉，加強團隊互動。輪到小廣時，他只是用兩、三句話告訴大家自己的生活就是兩點一線（按：比喻生活單調，每天就家裡和公司來回奔波），然後就結束了自己的話題。而小步則洋洋灑灑，從參加健身房，說到運動對身體的好處，再引申出旅行對人的思路的影響等內容，讓參加這次分享會的人都參與到她的話題中來。會後，小廣請教小步到底是怎麼做到的。小步告訴他，其實聊天就是一個不斷進行發散思維的聯想過程。

小廣按部就班的講述，讓人產生一種無趣的沉悶感，而小步的講述，則讓人

QUESTION 疑問

想要交談順利，我們需要以話題和內容的數量作為支撐。怎樣才能做到這一點呢？

ANSWER 回答

我們可以訓練自己對於雜談話題的聯想力。比如對方說到電子產品，我們就延伸出手機、相機等多個話題。

感覺充滿樂趣。其實，關鍵不在於雙方生活的差距，而在於雙方對話題的發揮程度不同。

雜談，就像是一個持續的聯想遊戲。能力的高低，很大程度上取決於雙方對話題的延伸能力。

1. 雜談是一個不斷將話題展開的過程。

想要談的不尷尬，最有效的辦法就是訓練自己對談論話題的聯想力。比如對方提到游泳，你可以在游泳話題結束之後，延伸出「有氧運動」，又可由此過渡到瑜伽、形體等話題。總之就是根據當前的話題，尋找一個相關的點，不斷引出新的話題。

2. 同一個話題不宜進行太長時間，以免聊死。

如果想在交談中訓練聯想力，讓話題變得豐富，那麼我們可以嘗試控制單個話題的談話時間。因為一個話題交流得越深入，所能提到的內容就越少，很容易出現觀點對立之類的問題。「把天聊死」的風險就很高。所以，一個話題進行兩分鐘左右之後，

雜談的遊戲規則

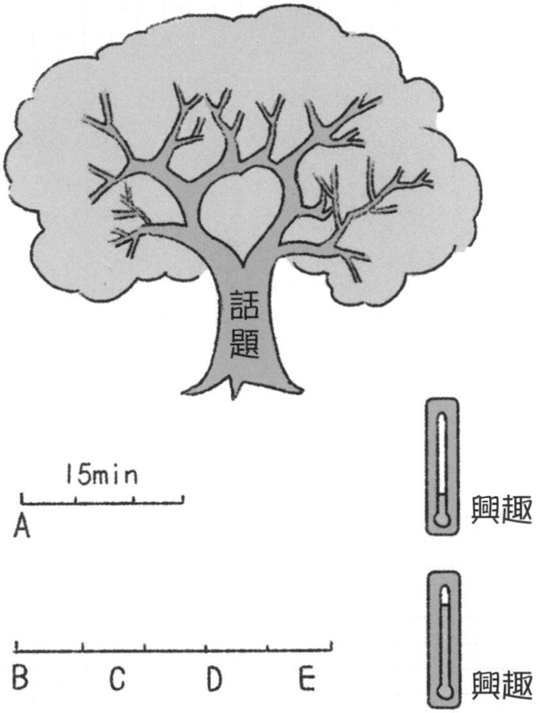

❗交談的時候發揮你的聯想能力吧！

就要試著換新的話題。

雜談就是一個聯想遊戲，是一個不斷展開和切換話題的過程。因此，我們在交談中要努力發揮聯想力，學習從討論的話題出發，尋找一個切入點，引出另一個方面的話題，或者引出新話題。同時，要注意控制單個話題的閒聊時間，不要過於深入。

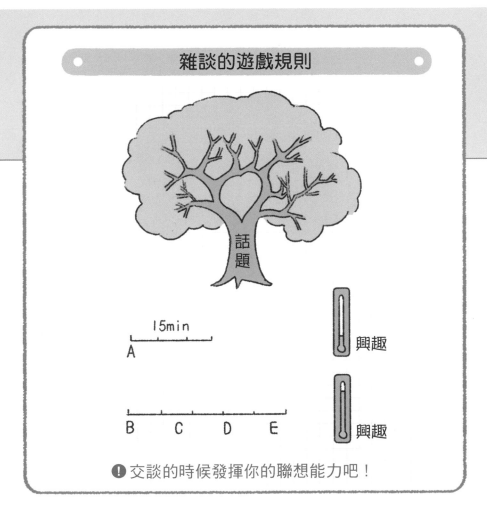

4 敢開口，願意說，就會讓人喜歡

雜談是一種本領，但這本領不是天生的，可以透過後天培養獲得。只要大家多做嘗試，就能從不同場景下的交談吸收經驗，慢慢的提升自己的雜談能力。

小池一直以為聊天講求的是天賦，每次都是看到大家聊得很開心，自己卻不知該如何開口參與進去，所以總是一個人悶悶不樂。後來，小池和小步合作跟進同一個專案，兩人的交流變多了，小步發現小池並不是不樂意說話，而是想說話卻不敢說。於是每當小池不出聲時，小步就鼓勵小池將心中所想的話說出來。在小步的鼓勵下，現在的小池不僅不那麼害怕聊天，還不時成為閒聊中的主力。

小池剛開始總是不說話，聽完別人的分享就了事。可是，後來在小步的「鼓勵」下，多次反覆的嘗試，漸漸的培養出一種「願意說」的態度。這也充分證明了只要多加練習，雜談的能力就能不斷提升。

雜談能力的強弱，就像我們打字的速度一樣，多打、多練就能提高速度；多

QUESTION 疑問

雜談力是與生俱來的一種能力嗎？可以透過後天訓練來提升？

我覺得我不太會說。
小池，我發現你不是不會說話，只是不想說話啊。

小池，你怎麼看？
我覺得……
我認為是這樣的……
大家說說自己的看法。

ANSWER 回答

雜談的能力並非天生，每一個人都能透過日常對話來提升。就像我們打字一樣，多打、多練就能提高速度。

說、多練，雜談的能力也能得到提升。

1. 基礎交際能力的體現。

雜談是基礎且使用範圍最廣的一種交際能力。雜談的「門檻」不高，很多時候只是發揮一種潤滑的作用，可以是見面時的寒暄客套、可以是等電梯時的打發時間，亦可以是茶餘飯後的閒聊。因此，面對雜談，大家不必有太大的心理負擔。我們要明白，其實會打招呼、會聊一會兒天，就已經邁出了雜談的第一步，這是一種與天賦並無直接相關性的後天能力。

2. 一種熟能生巧的本領。

特別會聊天的人通常是因為他們後天的鍛鍊比較多。正因雜談是一種熟能生巧的本領，所以後天訓練很重要。怎麼進行後天訓練？首先我們可以嘗試從「回應」做起，也就是當別人提出話題之後，我們勇敢的說出自己對這件事情的看法。能夠接話之後，我們就要開始學習當話題的發起者，主動用自己擅長或感

雜談的特性

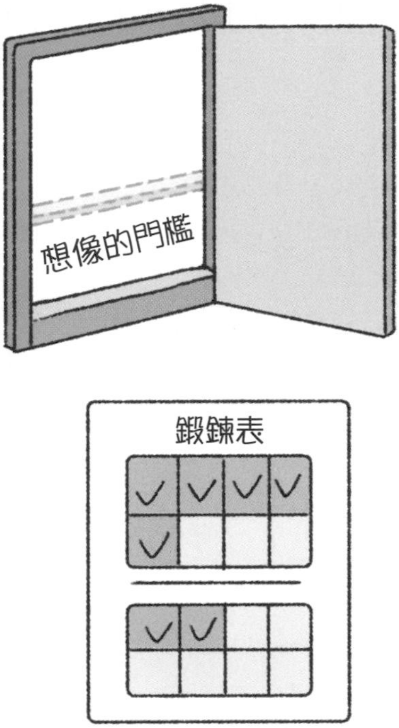

❶雜談力能透過鍛鍊得到提升。

興趣的話題，與他人聊天。在不斷「回應」和「發起話題」的練習中，我們的雜談能力就能得到提升。

我們沒必要將雜談看得太高深，沒有誰天生雜談能力就比別人強，因為雜談不過是一種熟能生巧的本領。多說、多練，相信你很快就能變成雜談達人！

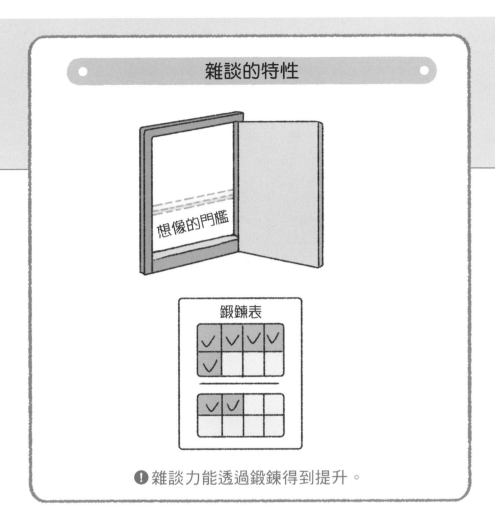

5 說話有溫度，才能有共鳴

雜談不難，但想要利用雜談讓雙方變得更加熱絡，就要講求一些小技巧。比如在交談過程中表現出自己的誠意，讓交談有溫度，這樣就更能讓對方產生共鳴。

小廣隨林組長及小星一起出差，途中林組長不時的和小廣聊天，可是小廣都是問一句答一句。林組長問小廣：「聽說你喜歡看電影，都喜歡看什麼類型的？」小廣實打實（按：實在、不虛假）的回答：「就是看熱門的，我不怎麼挑。」林組長回答：「哦，這樣啊。」就在這時候，小星開口暖場，說道：「最近的國片，也是蠻強的，不見得就比國外大製作的差。」林組長一聽，拍拍大腿說：「可不是嘛，現在我都不怎麼想看好萊塢的電影，盡是英雄情結……。」就這樣，林組長和小星就國片的日益強大滔滔不絕，剩下「不怎麼挑」的小廣在一旁默默聽著。

小廣對於電影的見解或許也非常獨到，可是他這種乾巴巴的回答，只會讓人感覺尷尬和接不上話。

QUESTION 疑問

雜談可以分為哪幾種？都有些什麼樣的特點呢？

ANSWER 回答

雜談可以分為傳遞資訊的雜談和傳遞感情的雜談，前者避免摻雜過多的個人情感，而後者對於人際交往有良好的促進作用。

雜談可以分為兩種，傳遞資訊和傳遞感情。在傳遞資訊的雜談中講求資訊的客觀性，能給予對方信賴感；而在傳遞感情的雜談中融入情感，能讓對方感到更親切。

1. 傳遞資訊。

傳遞資訊的雜談，一般是就不同方面的資訊進行交流，比如工作調整、人事變動等。對於這一類型的交談，資訊的客觀性比較重要。因為對於交換資訊的雜談來說，資訊是整個雜談的核心，我們是為了獲得更多的補充性資料，從而使整個事件變得更加完整。所以要避免摻雜太多個人情感。

2. 傳遞感情。

與傳遞資訊的雜談不同，傳遞感情的雜談則要求我們要加入自己的感情。比如「聽說你最近病了，好點了嗎？」、「我好想吃麻辣火鍋哦。」諸如此類，在話題中融入對方的關心，或者是融入自己情感和想法，就算是傳遞感情的雜談。傳遞感情的雜

雜談的兩個方向

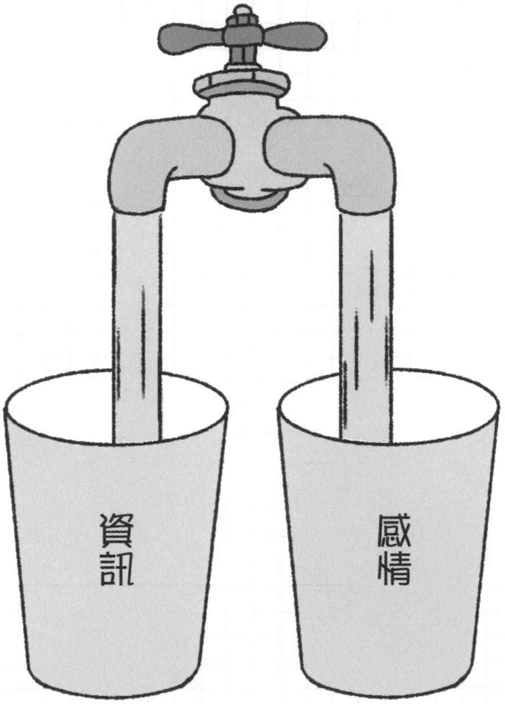

❗雜談不但能傳遞資訊，還能傳遞感情。

談對人際交往有著良好的促進作用，適當的在交談過程中加入個人情感，能讓對方更加了解你的個性和想法，讓對方感到有趣和安心。

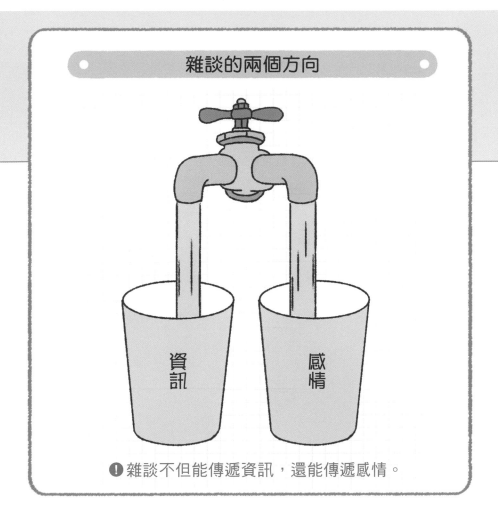

雜談——拉近人際關係和整理思維的利器

雜談與其他交流方式不同，雜談對「目的」和「意義」的側重性並不強，因為雜談更多時候只是為了隨口聊幾句、開開玩笑、打發一下時間。在這種不經意的過程中，拉近與他人的距離。

1. 打發時間。

雜談經常被用於打發時間，以避免長時間冷場。工作生活中我們經常遇到和對方單獨相處，或者幾個人相處的情景，例如吃飯前後、坐車過程中等；如果長時間沉默，就會讓場面非常尷尬。因此，只要話題合適，雜談很有必要。這時候，我們可以選擇一些較為輕鬆的話題作為交談內容，比如八卦新聞、社會時事等。盡量選擇淺顯溫和、大眾化的內容，讓人能夠隨聊隨停。這樣既可以打發時間，又可以避免尷尬。

雜談的五個目的

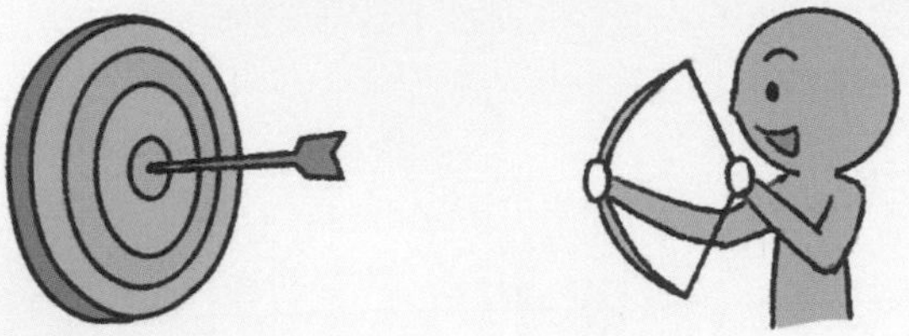

2. 加深親密度。

雜談雖然簡單，卻是很不錯的人際交往手段。因為在你一言我一語的過程中，透露著我們自己的個性、想法，能讓對方進一步了解我們；同理，也能讓我們更加了解對方，加深親密度。

3. 幫助我們分享感受。

每個人都會有自己的感受和情緒，開心時想和別人分享，傷心時想得到排解，這是人之常情。適當的分享我們的感受，找到傾訴的對象，能幫助我們疏解心理。而在眾多的交流方式之中，雜談是很好的選擇。因為雜談沒有太強的目的性，不需要圍繞特定的主題來展開，這樣更有利於我們的個人情感抒發和感受分享。即使對方剛結束了對某個社會焦點新聞的評論，你直接就來一句：「最近的生活很無趣啊，真想出去旅行」，也不會顯得突兀。

4. 有助於整理自己的想法。

很多時候，我們就某一個事件會有自己的想法，但我們對自己的想法並不清晰，或者根本沒放心上。直到有人談及了這個話題，提出了自己的想法，反而能促使我們也去思考對這個事件的真實想法。這也是雜談微妙的地方，各種不同情景的雜談中，比如茶水間中談工作、咖啡廳裡談理想等，這些不經意的交談，能勾起我們對某一個方向的思考，讓我們更明確自己的真實想法。

5. 拓展思路。

雜談不具備特定目的，有時反而能激發我們的想像力和創造力，給予我們更多「天馬行空」的空間。也正因如此，有的雜談就像是一種沒有既定框架的頭腦風暴。由於每個人都有自己的思維模式，亦有不同的生活背景，因此對於同一個事件亦可以存在不同的想法或側重點。在我們和對方分享個人想法的過程中，對方的想法也能給我們啟發，從而幫助我們出點子，讓思路變得更加開闊。

所以說，雜談看似簡單隨意，作用卻不小，是我們拉近人際關係和整理思維的利器。

簡單實踐法

不要小看雜談，它的功能很多，在幫助我們拉近與他人關係的同時，還能傳播資訊。

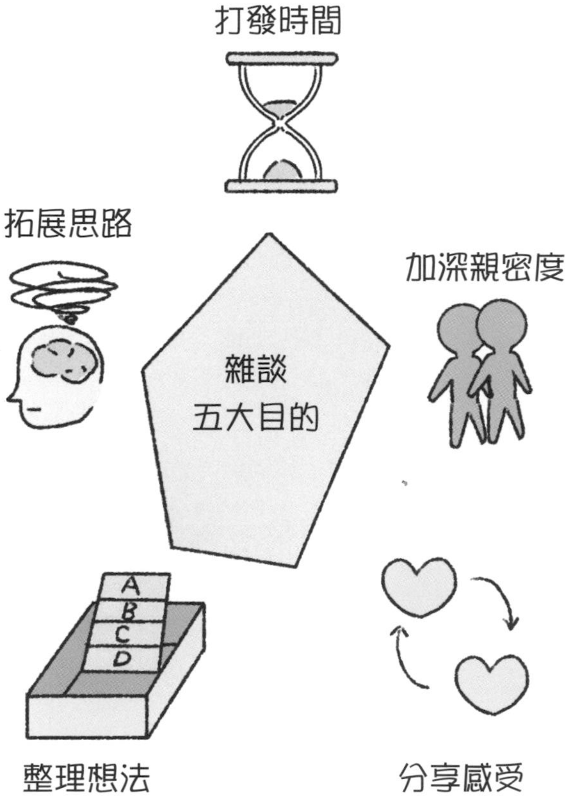
打發時間
拓展思路
加深親密度
雜談
五大目的
A
B
C
D
整理想法
分享感受

第2章

與工作夥伴的雜談技巧

1 零提問、零資訊，從瞎扯中脫身

「會說話」是一種加速關係進展的催化劑。不過「好鋼要用在刀刃上」，如果同事或朋友的「會說話」已經到了誇張、不切實際的地步，那麼我們就要巧妙的對答，想辦法「脫身」，不能一直耗下去。

小步和小廣一起到隔壁業務部開會，開會前碰到整個業務部最能「吹」的同事，對方不停的誇誇其談。小廣不好意思不給人家回應，便回答說：「前輩你太厲害了，怎麼能這麼快速拿下客戶啊？」小廣這麼一問，對方又說了將近五分鐘，說自己瞬間拿下客戶的光輝歷程，說完還得意的看了看小步和小廣。小步這次搶在小廣之前開口說：「嗯！厲害！」對話也就自然暫停了，因為小步的回答簡短有力，但又零提問、零資訊，根本讓人接不上話。

小步之所以能順利的「截斷」同事的無止境的談話，很大程度上是因為她的對答沒有給對方的補充留「後路」。

QUESTION 疑問

當你不方便立刻離開正長篇大論的同事，且還必須跟他待在同一個空間時，該怎麼辦？

ANSWER 回答

我們可以使用不帶疑問的話語，不讓對方有不斷說下去的機會；也不要在回答之中提供資訊，讓對方有機會進行資訊補充。

某些人之所以滔滔不絕，是基於想透露資訊或者炫耀自我的目的。所以，想要躲開誇誇其談者，我們可以善用「不經意」以及「不追問」這兩個方法。

1. 用一些不經意的回答搪塞過去。

交流總是你來我往的，面對話永遠說不完的人，我們首先可以嘗試用一些不經意的回答，採用搪塞的辦法將對方的話堵回去。

比如對方想跟你詳聊某段光輝往事，你可以說：「哎呀，開會時間到了」之類的話。也就是不對對方的具體內容做出回應，而是以趕時間、有人找你、自己有急事之類的藉口，將對方的話應付過去。但如果對方跟你關係一般，你可以稍微不經意些；倘若對方是你的工作夥伴甚至主管，那麼你的語氣要略顯抱歉，含蓄的表示你對沒辦法聽他的故事而感到可惜。

2. 盡量採用不帶疑問和資訊的回答方式。

還有一種辦法是採用零資訊、零提問的做法。盡量採用不

結束別人的誇誇其談

❗千萬不要對正在誇誇其談的人提問。

帶疑問的話語，別讓對方有機會不停的往下說；也不要在回答中提供資訊，讓對方有機會進行資訊補充。最好是用簡短肯定的回答，比如「厲害」、「真不錯」等讚美話語，表示尊重，又沒有給對方太多往下說的餘地。

面對誇誇其談者，我們要善用不經意的搪塞以及零資訊、零提問的回答，不要給對方太多接話的機會。

2 談與工作相關的軟話題，就不怕與主管電梯相逢

面對主管，我們總會比平時要拘謹些。尤其是在電梯偶遇主管，很多人都會覺得緊張或者尷尬，說公事太正規，說私事又不合適。這個時候雜談便可以發揮作用了。

小廣和小星一起在電梯裡遇到林組長。林組長親切的和小星、小廣打招呼。林組長跟小廣說：「工作順利嗎？感覺怎樣？」小廣只簡單的回了一句：「謝謝林組長的關心，都很好。」小星見小廣緊張，便神態輕鬆的和林組長聊了起來：「說起工作呀，你可以傳授一下提高工作效率的經驗嗎？」林組長便開始講自己的時間分配理論。小星的問題雖然和工作沾邊，卻並非針對具體工作展開話題，既不會太嚴肅，又避免了尷尬。

所以說，如果在電梯遇到主管，不妨學習小星的做法，談一些工作方面的軟話題。

QUESTION 疑問

如果在電梯裡面偶遇主管，聊些什麼樣的話題比較合適呢？

回答 ANSWER

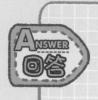

我們可以選擇一些與工作相關的軟話題，比如如何規畫時間、如何提升業務能力等和工作沾邊，又不具體的話題。

1. 當成是機會，別害怕跟主管在電梯裡雜談。

在電梯或者其他相對封閉的空間偶遇主管，是工作中常有的事。面對這種情況，雜談能發揮很好的作用。所以我們一定要靈活處理，不要太過害怕和緊張，不然反而容易把場面變得尷尬。我們要把這種情形，變成一種能讓主管更加深入的了解自己的機會。選擇一個適合的話題，展開一場輕鬆得體的雜談，從而增進雙方的了解，也能給主管留下好的印象。

2. 最好選擇跟工作相關的軟話題。

如果刻意的就某一具體工作向主管提問，或者分享個人工作體驗，很容易讓主管感到疲勞，甚至會覺得你趁機炫耀自己。因此，具體如「某某專案的進度」這類內容不適合在電梯內和偶遇的主管聊。那麼，聊什麼好？我們可以選擇和工作相關的軟話題，比如「如何規畫時間」、「工作任務如何分配才能更有效率」、「如何提升某項業務的能力」等。這些話題和工作沾邊，卻又不具體，不但能給主管發揮的空間，不會讓他思考得太深

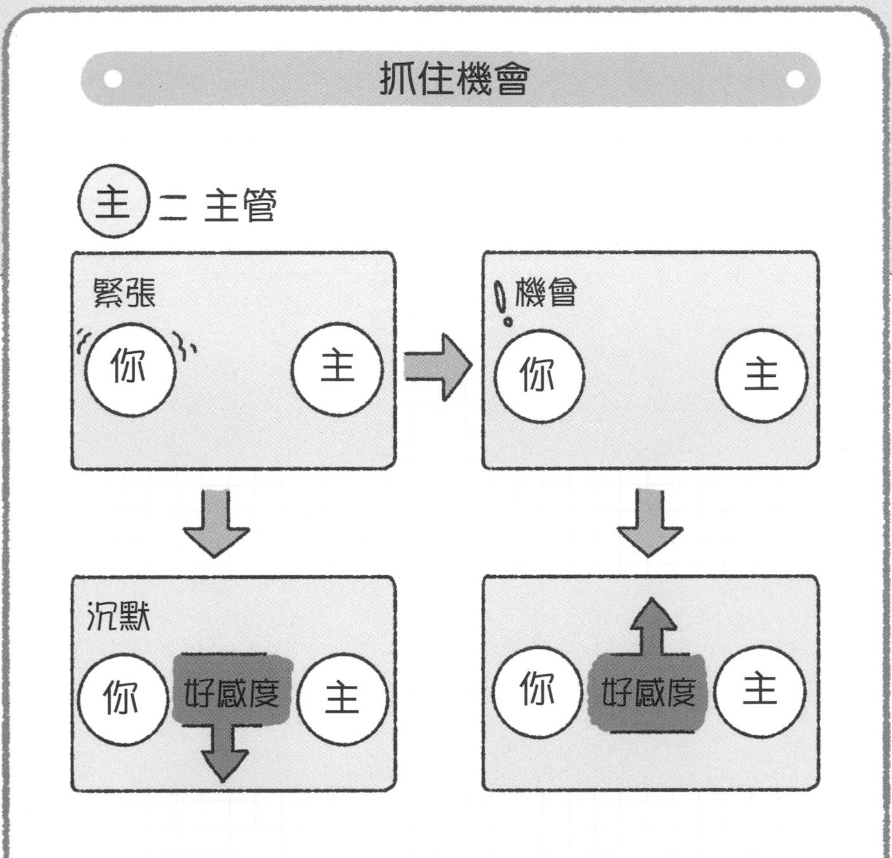
抓住機會
主 = 主管
緊張
你
主
機會
你
主
沉默
你
好感度
主
你
好感度
主

❗別緊張，當成是請教工作中問題的機會。

入，還能在主管面前塑造勤奮、善於思考、力求進步的形象。

總之，如果在電梯遇到主管，不要緊張，把這種情況當成與主管拉近關係的機會，用與工作相關的軟話題展開一場輕鬆得體的交談。

3 模仿優秀的人，但不要照抄

模仿有時是進步的一種捷徑，雜談力的提升也同樣如此。不過，如果我們想要模仿「吃得開」的前輩的說話方式，就要注意歸納總結，不可完全照抄，不然會有東施效顰的尷尬。

小廣和小步走得比較近。小廣看到小步偶爾會學習他們的前輩小星說話，於是小廣便也跟著學習小星說話。大家正在就尾牙抽獎的獎品各抒己見時，小廣加入討論說：「放心吧，獎品不會讓大家失望的，我們好好工作，公司業績上去了，獎品還少得了嗎？」聽小廣語氣篤定，大家都以為小廣得到什麼內部消息，便一直追問小廣。小廣這下窘了，其實他只是模仿小星的說話方式而已，並沒有什麼小道消息。

見小廣面紅耳赤，小步便為他圓場說：「哈哈，小廣就是故意逗逗你們，瞧大家一個個都上當了吧。」小步看出了小廣在模仿小星那種事事做總結，往好的

QUESTION 疑問

為什麼同樣一句話，前輩說很合適，而我們如果模仿前輩說出來卻會很尷尬？

ANSWER 回答

因為前輩和我們在社會地位、資歷經驗上都不同，很多時候，別人說的話，我們照搬就不太合適了。

方向安撫大家情緒的說話方式。不過，由於資歷、經驗不同，小步建議小廣不要完全照抄，而是選取自己適用的部分來學習。

模仿「吃得開」或者會說話的前輩說話，能讓我們提升雜談力。但在學習過程中，一定要學會分類和歸納，不能直接照抄。

1. 釐清概念，模仿不等於照抄。

向經驗豐富的前輩學習聊天技巧，是快速提升自身雜談力的一種方法，不過我們一定要注意不能生搬硬套別人的說話模式。因為每個人的閱歷以及社會地位不一樣，很多時候別人說的話，我們原原本本的說出來就不太恰當。最好的方法是學習對方的技巧，結合當時的情境和自己的需求，而不是完全照抄。

2. 模仿時，盡量避免主觀的歸納性總結。

關於雜談的無目的性，我們在模仿前輩時一定要留意。因為「吃得開」的人往往在各種交流方式中，滲透著自身的立場，他們往往具備一定的話語權或者權威性，所以他們在雜談中融入歸

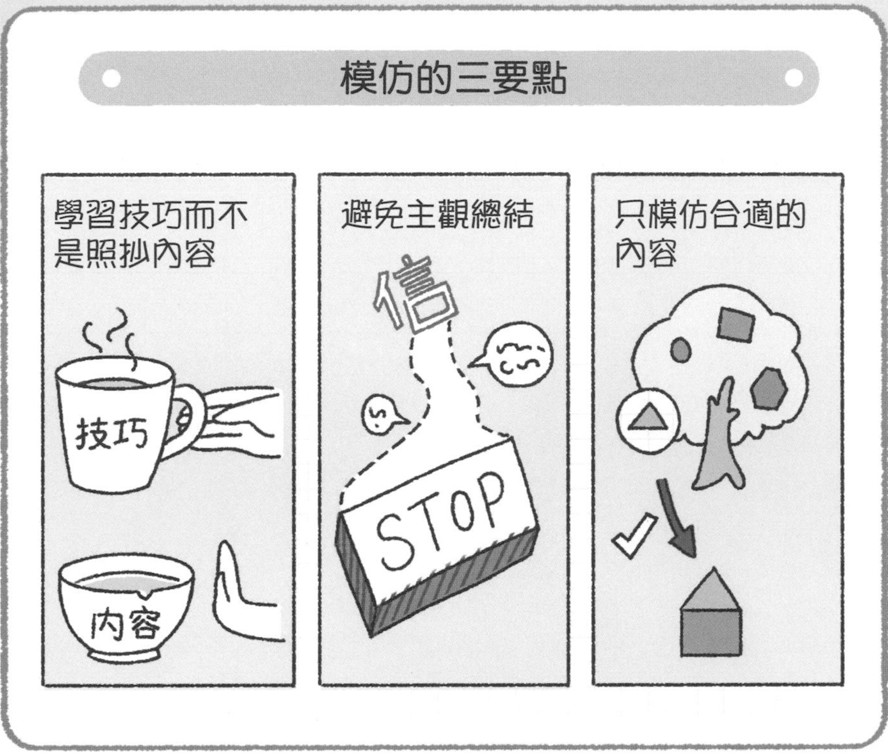
模仿的三要點
學習技巧而不是照抄內容
技巧
內容
避免主觀總結
信
STOP
只模仿合適的內容

納性總結甚至是定論，也是很自然的事。但對我們來說則不一定，我們的閱歷不及前輩，過於主觀的歸納總結容易流於信口開河，從而影響聽者對我們的印象。

3. 選取適合自己的、有意義的內容即可。

模仿時最保險的做法是選取對方談話中有意思、有意義的點來說。比如能夠勾起他人興趣的，或是能讓人產生共鳴的話題。也就是說，我們可以透過跟前輩的交談來累積話題，選取談話內容中比較有趣的點，作為我們日後的雜談素材。

4 與嚴肅主管聊天，聊工作就對了

和主管單獨出差，想必很多人都會思考路途上要不要和主管聊天？聊什麼才能避免尷尬？聊什麼才不會給對方留下不好印象？等問題。這也是在考驗我們的交際能力，這時可以用雜談打開和主管聊天的話題。

小池進公司以後，首次和總經理單獨出差。總經理比較嚴肅，剛開始兩人都沉默不語，場面非常尷尬。為了打破這種局面，小池鼓起勇氣，詢問總經理好幾次是否有什麼需要？都被總經理以一句：「不用，謝謝」給搪塞回來。直到在途中，小池接到了一位客戶的電話，客戶一而再再而三的修改預算，小池大吐苦水，反而引起了總經理的興趣，開始和小池就這個客戶的修改意見聊了起來。

小池多次努力尋找話題，並無效果，不經意的訴說工作的不順利，反倒開啟了和總經理聊天的話題。因為對於不苟言笑的主管來說，部屬的工作往往是他們的關注點。

QUESTION 疑問

如果主管是一位不苟言笑的人，和他聊什麼樣的話題比較容易消除尷尬的氣氛？

ANSWER 回答

嚴肅型的主管一般不太願意聊一些瑣事，對於私事更是閉口不談，所以我們可以就工作或者公事與主管展開交談。

1. 對不苟言笑的主管，避免一開口就詢問對方的興趣或私事。

與願意跟部屬聊天的外向型主管相比，嚴肅型的主管一般不太願意與部屬聊一些瑣事，對於自己的私事更加不想提及。因此，對於這種性格的主管，如果開口就以個人情況為話題展開聊天，恐怕會留下「喜歡窺探他人隱私」的不良印象。所以最好以工作、公事方面的話題展開交談。

2. 可以主動跟對方訴說工作上的難處或煩惱。

以自己的個人情況展開雜談也是不妥的。作為不苟言笑的主管，比起部屬的私人情況，他們可能更關心部屬的工作情況。因此，遇到這種嚴肅、難以找到閒聊話題的主管時，我們可以選擇以工作中遇到的困難，或者想要尋求指點等話題展開雜談。

3. 可以選擇嚴肅的焦點話題。

除了工作上的話題，我們還可以選擇具備社會現實意義的大話題進行切入。比如在坐車過程中談電動車的現狀和發展；談最

與嚴肅主管出差的注意事項

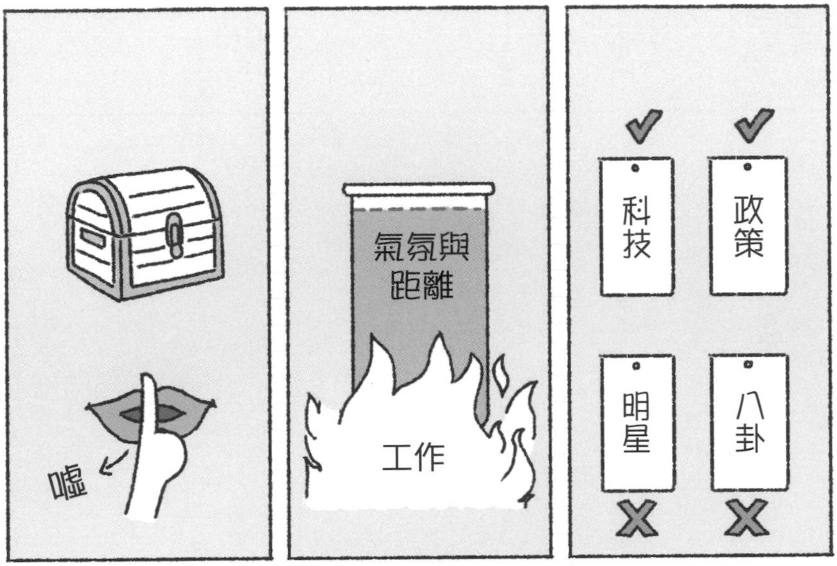

❗用工作話題拉近距離。

近的臺幣貶值問題等。要注意的是，盡量選擇一些涉及經濟社會發展的大話題，避免那些說長道短、明星八卦的花邊新聞。

和不苟言笑的主管單獨出差其實並不可怕。我們可以藉此機會，聊聊自己在工作中遇到的困難，或者自己對工作的看法，說不定還能獲得令你恍然大悟的指點。

5 天氣、交通是展開話題的最佳切入點

和同事一起等電梯，看似是小事，但也展現了個人交際能力。善用雜談的話題和技巧，就能抓住一起等電梯的這個小片刻，打好人際關係這張牌。

小澤在等電梯時遇到同樣來上班的財務部的同事。小澤和對方打了個招呼，然後就低下頭玩手機了，給人感覺十分冷漠，其實小澤只是不知道該怎麼去跟人家閒聊。幸好過了片刻，小池也來了，他除了打招呼，還直接跟財務部的同事閒聊了起來：「一年一度財務結算來了，聽說妳們都忙得不可開交？」對方回答說：「可不是嘛，忙壞了……」對方一直和小池分享最近的工作情況，氣氛熱絡了起來，不再尷尬了。

案例中，小池和小澤的區別在於小池善用雜談，利用和同事一起等電梯的時間，增進雙方的關係。

和帶有目的性的討論、交流不同，雜談的舞臺往往就是等電梯、等公車之類

QUESTION 疑問

如果和不大熟絡的同事一起等電梯，有什麼話題可以作為雜談的開啟話題，而且是對任何人都通用的呢？

ANSWER 回答

我們可以用放在大多數同事的身上都適合，既能引發話題，又不會讓人反感的天氣、交通等話題，作為開啟雜談的切入點。

的零碎時間。因此，如果等電梯時一直有同事在旁邊，請一定要利用好雜談這個人際小法寶。

1. 以關心對方的話題作為切入點。

如果和不大熟絡的同事一起等電梯，雙方都不知道對方感興趣的話題，那麼我們可以選擇無關緊要的話題切入。比如天氣、交通等方面的常規話題，放在大多數同事的身上都適合，既能引發話題，又不會讓人反感，是雜談初級階段較為保險和有效的切入點。

2. 可以把等電梯的焦慮作為切入點。

即便雙方不熟絡，但有一點是相同的，那就是：你們都在等電梯。因此，我們可以選擇以等電梯的焦慮作為閒聊的切入點，如「我們這個電梯挺慢的哦，每次都要等好久」之類的話題。當然，這只是出於雜談目的的話題，我們不必就電梯問題深入的討論，順利開啟對話後，就可以切換到下一個話題了。

展開雜談的 3 個切入點

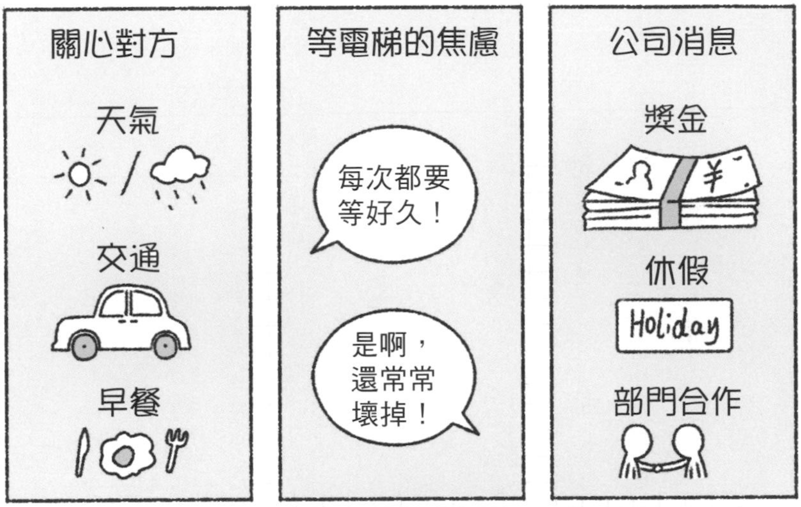

❗天氣和交通的話題適用於任何人。

3. 可以用公司消息作為切入點。

有可能會遇到不在同一個部門的同事，若雜談發揮得好，甚至能為以後跨部門工作溝通打好基礎。因此，我們可以選擇公司的公開性訊息作為切入點。比如「聽說下個月會籌備員工旅遊哦」、「就要發年終獎金了」這樣的公司資訊，不管是不是同一個部門的同事，都會感興趣，所以是很不錯的話題切入點。

6 自嘲、轉移話題可凸顯智慧，避開尷尬

在商務場合，化妝是一種禮儀，表示我們對對方的尊重。可是不少女性在週末可能會素顏，這個時候若遇到了同事，就會略顯尷尬。想要化解這種素顏相對的尷尬，最好就是利用雜談把關注點從自己的素顏上移開。

小步每天上班都會化妝。但在週末，小步一個人去超市買日常用品時就懶得化妝了。但這時剛好碰到了和妻子一起在超市購物的小星。小星沒見過小步素顏的樣子，頓時也不知道說什麼好，尷尬的打了個招呼，準備離開。

小步靈機一動，覺得不能以這種尷尬的氛圍結束對話，否則這個印象就會久留在前輩心中。於是說：「你們也喜歡自己下廚啊？我也是，一到週末就自己做飯。」小星應道：「哎呀，現在小女孩總是不愛進廚房。」小步回應：「是嗎？上班總是吃外賣，週末能自我獎勵一下，我覺得很好呢。」小星繼續說道：「可不是嘛，週末就要活出自己想要的樣子。」就這樣，小步成功將小星的注意力轉

QUESTION 疑問

週末素顏時遇到同事該怎麼化解尷尬？

ANSWER 回答

首先可以採用自嘲的方式化解掉素顏的尷尬，然後再轉移話題，將對方的注意點從我們的素顏上轉移開。

移到了生活態度上。

對於不少女性來說，素顏遇到同事是一件非常尷尬的事。那麼遇到這種情況時，要如何化解？

1. 主動出擊，自己去引發話題。

當妳素顏遇到同事時，要善於主動出擊，自己去尋找話題，破解僵局。因為對方會顧慮妳的感受，不好主動提出話題。這時候，最好的方式就是妳就自己的素顏引發話題，用雜談去化解尷尬。比如「早知道會遇到組長你，我就盛裝出門啦」、「早知道會碰到你，我非得畫個韓式美妝不可」。這樣是化解雙方尷尬的第一步。

2. 營造輕鬆氛圍，將對方的關注點從素顏上移開。

初步化解了素顏尷尬之後，我們要善用合適的雜談話題，營造輕鬆氛圍，讓對方的關注點自然的從妳的素顏上挪開。如果是遇到女同事，我們可以將話題延伸至護膚、美體等話題上去。若

素顏遇到同事的應對方式

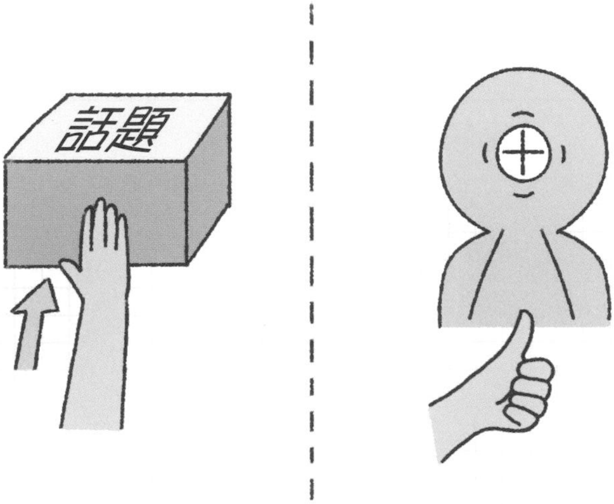

❶ 記得及時轉移對方的注意力。

是遇到男同事，就可以簡略的打個招呼，或是採用略帶讚美和欣賞的方式，將話題引到對方的身上，從而減輕對方關注自己素顏的尷尬。

總之，當我們素顏遇到同事，可以先用自嘲的方式化解面臨的尷尬，然後再利用針對性的話題，將對方的關注焦點從素顏上轉移開。

聊他的興趣，他會對你有興趣

雜談固然沒有太強的目的性，但良好的雜談力卻有可能帶來意想不到的甜頭。所以，不斷提升自己的雜談能力，對工作和生活意義重大。那麼，怎樣才能提升雜談的能力？其中一點就是配合對方。

1. 選擇對方喜好的方式展開話題。

每個人都有自己喜歡的說話方式，有的人喜歡循序漸進，就一個事件慢慢的談；有的人喜歡開門見山，三言兩語說透一個話題，然後快速切換到下一個話題。所以，針對不同的人我們要選擇不同的說話方式，盡量配合對方。

2. 附和對方的話題。

想要在雜談中配合好對方，我們要學會附和對方的話題，因為我們的附和，能激發對方繼續交談的興趣，還能刺激對方持續分享資訊的欲望。一般來說，大多數人都會帶著他們各自的處事方式和價值觀去聊天，我們細心觀察就會發現，雜談內容

如何配合對方

中融合著他們對事件的看法。適當的附和，能讓對方感受到我們對其價值觀和立場的贊同。這樣往往能給對方留下良好的印象，提升我們在其心目中的認可度。

3. 讓對方持續保持「興奮」。

想要配合雜談的對象，我們可以讓對方持續保持對話的「興奮度」。所謂對話的興奮度，其實主要表現在對方對話題感興趣的程度上。當我們在雜談中發現對方對某些話題特別感興趣時，我們可以嘗試多往這個方向去發掘話題，讓對方保持交談的熱情。

4. 就對方的話題進行資訊補充。

適當的為對方的話題進行資訊補充，不僅展現了你對其話題的興趣，還能很好的配合對方，讓整個話題變得更加活躍，雙方的互動性也會更好。

■ 補充資訊

當對方提出某個話題，而你也掌握了這個話題相關資訊時，最好的做法就是對對方提出的話題進行資訊補充。這樣能讓雜談話題更加完整，促進資訊互通，是配合對方交談的利器。

■ 適當延伸主題

其次，我們可以適當的對對方提出的主題進行延伸。以買保險為例，我們可以將話題延伸至「某人生病因為有保單，所以減輕了不少家庭壓力」等方向。這類延伸性話題，能更好的配合對方，提升對方與你繼續交談的興趣度。

總而言之，想要配合好對方，我們首先要表示出最大的尊重，迎合對方喜好的談話方式，不斷給對方引出讓其感興趣的話題。同時也要適當的幫對方的話題補充資訊或想法，讓對方的話題得以延伸，也表現出我們對對方所說的話題有極大的興趣，不會讓交流的氣氛冷淡。

簡單實踐法

　　雜談不是一個人從頭說到尾，而是需要兩個人或者多人同時參與，這就需要我們好好的去配合其他人，讓交談順利的展開下去。

感興趣話題				
附言話題	1		2	
喜歡的方式	循序漸進		開門見山	
補充資訊	補充		延伸	

第3章

雜談力就是業務力——與客戶該怎麼談？

1 迴避騷擾態度要堅定，拒絕要委婉

工作中難免會遇到一些言語輕佻的客戶，如何在不得罪客戶的前提下，巧妙的利用閒聊，來迴避對方輕佻的話語或者騷擾性話題，就顯得非常重要。

小步有次與客戶進行商談時，遇到一個看似不經意，但是言語中摻雜著曖昧的客戶。小步很苦惱，於是向公司的前輩小星請教該如何處理。小星告訴小步，他曾帶過一個女實習生，有次談業務的客戶當著小星的面問女實習生：「剛畢業嗎？有男朋友？」小星以為客戶只是無意的閒聊，便替臉紅的實習生回：「她剛畢業，還沒交男朋友。」結果後來實習生總是收到客戶的電話，詢問私人情況，小星這才恍然大悟。小星告訴小步，以後面對客戶商談中摻雜著帶有騷擾意味的話題，拒絕的話語可以婉轉，但是態度一定要堅決。

此後，在遇到客戶問：「待會談完正事，我能請妳吃飯？」之類的問題時，小步都會以「抱歉，這份報告今天晚上就得要趕出來」等類型的回答婉拒。

QUESTION 疑問

工作中遇到言語帶有騷擾意味的客戶，該如何處理才好？

ANSWER 回答

過於直接的方式可能會讓對方覺得很沒面子，不利於後續工作的展開，所以一般的做法是採用溫和、婉轉的回答表明自己的態度。

作為一個需要經常面對各類型客戶的職場新人，特別是女性，若能巧妙的化解這類問題，會讓妳的工作能順利進行，也能解決很多後續的麻煩。面對客戶的騷擾性話題，我們可以參考以下兩點來應對：

1. 表達出自己的意向，岔開話題。

一般情況下，對方所展開的騷擾性話題，剛開始都帶有試探的意味。所以，我們需要在話題展開前，就表達出自己的明確態度，並且岔開話題。先用「抱歉」、「有急事」等回答來表達自己拒絕的立場，然後再回問對方別的話題，把話題轉移開。

2. 用婉轉的語氣來表達自己的意向。

表達自己迴避或者拒絕騷擾性話題的意向，不是說我們必須義正詞嚴或暴跳如雷。因為過於激烈的反應，會將事態推向不利的方向發展，很容易帶來工作上的損失。所以我們可以採用溫和的口吻和處理方式，少用太過尖銳的回答，多用「暫時不考

面對客戶騷擾的應對方式

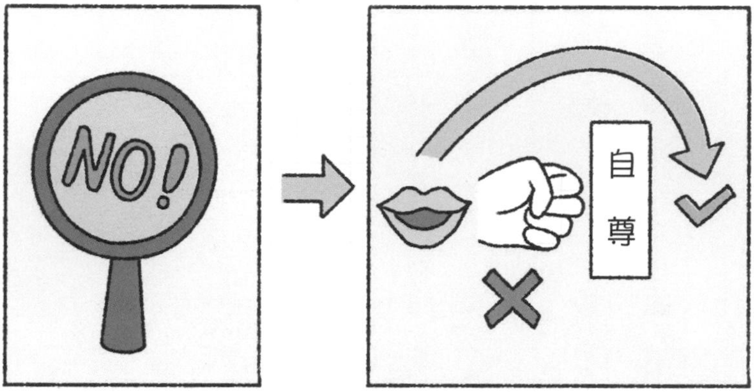

❗態度要堅定，拒絕要委婉。

慮」，或者「沒有這樣的想法……」之類的回答。

面對客戶或者他人的騷擾性話題，要先表達出自己不想繼續這類話題的態度，然後要注意選擇溫和、婉轉的語氣去表達自己的意願，不要讓對方尷尬難堪。

2 第一次見面相對無語？那就從周邊事物談起

第一次跟隨主管或公司前輩與重要客戶進行專案商談，中途主管或前輩因故離場，你該怎麼辦？偌大的會議室只有你與客戶，若是雙方因此全無交流不免會尷尬，那該如何避免這種尷尬？

小星和小步去見客戶，在討論的過程中，小星突然身體不適要去一趟洗手間。會議室只剩下小步和客戶兩個人。由於剛才和客戶談的主力是小星，客戶也就沒再繼續談專案的內容。小步覺得如果就這樣乾等著小星回來，自己和客戶都會有點尷尬。於是，小步就跟客戶閒聊起來，小步說：「王總，你們公司的視野真好啊，在這種視野開闊的會議室談專案，感覺特別神清氣爽。」王總聽了，便順著會議室這個話題，聊起當時公司選址、工作環境、員工福利等。

面對三個人交談，而其中一個人突然離開的場景，貿然的接著剛才三個人的話題繼續往下談，會顯得不夠尊重離開的那一方，可是沉默不語又會讓剩下的兩

QUESTION 疑問

面對 3 個人交談，其中 1 個人突然離開的情況，還要繼續聊剛才的話題嗎？

王總，你們公司的視野真好啊！
當初公司選在這就是因為這裡視野開闊，辦公環境好。

ANSWER 回答

如果繼續聊會有些不尊重離開的一方，並且他回來也可能接不上話題的進度，所以最好的辦法是切換其他話題。

個人很尷尬。所以，最好的辦法就是選擇一個與當前環境相關，但是又輕鬆的雜談話題。

會議過程中的談話並非輕鬆隨意，良好的雜談話題能拉近雙方關係。但是，面對不同的環境，我們還需要根據具體情況來選擇話題。

1. 觀察周邊事物，包括牆上的公告、辦公用具等。

會議場所裡的整體環境以及裡面的用具，都可以成為雜談話題，這樣既不會顯得太過正式，又可以打開多個話題。比如根據裝修風格談辦公環境；從牆上的溫馨提醒談到主管對員工的關心等。只要我們細心觀察，總會有可以打開話題的點。這裡需要注意的是，不要詢問對方的營業額、收益等敏感的話題。

2. 使用對比句讚揚對方公司的環境。

如果交談場所是對方公司，那我們可以選擇讚美該場所，認同該場所功能的話題。如欣賞會議室的多功能配備等，將對方公

3 個人談話 1 個人突然離場怎麼辦？

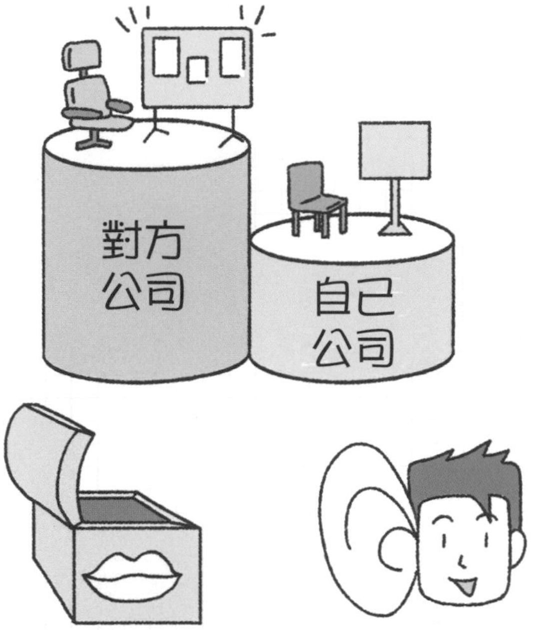

❗談話的環境可以帶來很多話題。

司環境與自己的相比較，一來能讚揚對方公司辦公環境好，二來顯得我們很謙虛。

3. 一旦對方話匣子打開，就當一個傾聽者。

如果協力廠商離場的時間還很長，我們還可以進一步圍繞所處的場所展開延伸性的話題，以避免冷場。話題盡量以對方為主體，一旦對方的話匣子打開，我們就以聆聽為主，適時插入幾句認同的話即可。

3 買賣不成仁義在，為下次合作鋪好路

在工作中，我們可能會因為各種原因與某些老客戶中斷合作，改與新客戶展開業務往來。也會因為某些原因未能與新客戶達成共識、洽談失敗等。作為公司的員工，遇到這類終止合作或是談判不成功的客戶，該怎麼做才能夠避免尷尬，並且為以後的合作留下餘地？

小星和小步一起去附近一家餐廳用餐。小步一進門就看到了之前和小星一起去談合作，但最後未能合作成功的黎經理。小步本想裝作沒看到直接走開。可是，小星卻拉住小步，禮貌的打招呼：「黎經理，好久不見，最近好嗎？」沒想到黎經理也很熱情的回應：「噢，是小星和小步啊，好久不見，我挺好的。」小步也順著話題說道：「這家店的菜很不錯，你慢慢品嘗。」黎經理笑了笑：「謝謝。」「那你慢用。」小星說完，才和小步離開。

雖然和客戶的業務洽談失敗了，但不代表沒有再次合作的可能，所以面對這

QUESTION 疑問

在公共場合遇到業務洽談失敗的客戶，一時不知所措怎麼辦？

ANSWER 回答

不用緊張，我們可以先禮貌的和客戶打招呼，再利用雜談聊聊雙方的近況。在這次友好的接觸中拉近雙方距離，為下次合作鋪好路。

樣的客戶，可以適當的聊一點與雙方業務往來並無太大關係的話題，以便給對方留下禮貌的好印象。

1. 禮貌的利用雜談和對方打招呼。

當在餐館或者其他場合遇到之前業務洽談失敗的客戶，不用緊張，可以主動和對方打招呼。然後再說一些「這家店很不錯，你慢慢吃」之類的話，最後再有禮貌的跟對方道別。即便是過程中除了這一、兩句寒暄的話外，其他話都不說，也不要緊。因為你禮貌的與對方打招呼，就已經給對方留下了一個識大體的印象。

2. 如果對方有良好回應，也可以說一下自己的近況。

在和客戶禮貌性的打招呼之後，如果對方還記得我們並且給予積極的回應，那麼，我們還可以拋開雙方業務往來的關係，說說近況、聊聊時事。這樣做的目的是讓對方感覺到你並非單純為了業務在跟他聊天，而是從心裡信任他。一般情況下，主動跟對方訴說自己的辛酸或者不如意，是放低姿態的表現，能降低對方

遇見業務洽談失敗的客戶時的應對方式

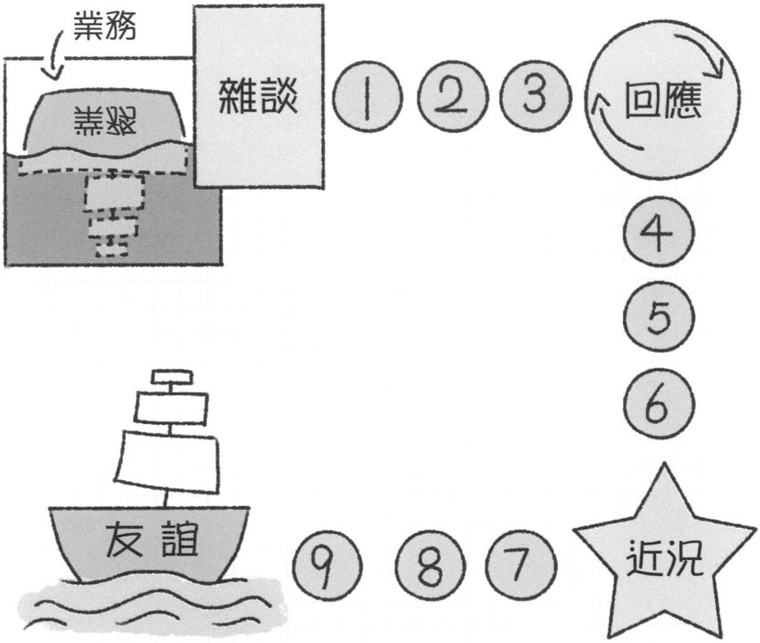

❗利用雜談與客戶建立友誼。

對你的戒備心，增加對你的接納度。

商業洽談，是為了讓兩個公司在合作中實現彼此利益的最大化，不應以個人情緒為主導。面對業務談失敗的客戶，我們不必如驚弓之鳥一般充滿敵意，而是應該得體的與其寒暄，建立友誼。

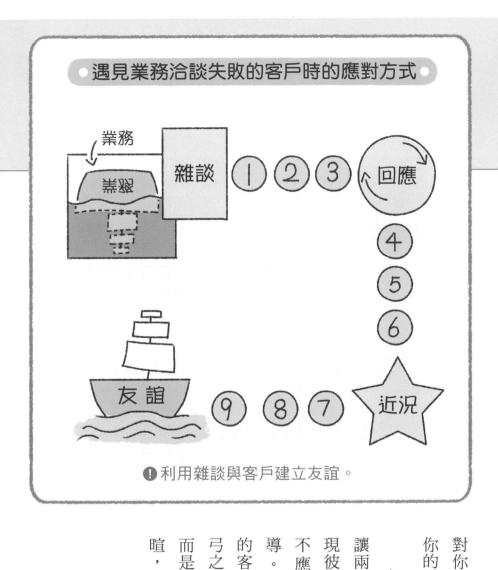

4 聊天，就能聊出好業績

對於銷售領域的工作人員來說，業績和其雜談能力有直接的關係。一場好的交談在給顧客留下良好印象的同時，還能達到推銷產品的作用，從而提升銷售業績。

小廣和小步在車站附近看到兩家店鋪，一家賣果汁和一家賣中式涼茶。兩人口渴，便走向果汁店問柳橙汁的價格，果汁店老闆冷漠的回：「三十元一杯。」小廣問道：「你們的果汁是現榨的嗎？」果汁店老闆並未回答小廣的問題，卻反問道：「你到底要不要？」小廣感覺對方不禮貌，轉身就離開了果汁店，和小步來到涼茶店。

一進門，小步就說：「天氣真熱，有什麼推薦的解暑涼茶嗎？」涼茶店老闆回答：「前幾天我們這區就有不少戶外工作者中暑，我推薦妳喝我們的招牌涼茶。」小步得到了回應，而且老闆的回應中還加入了「資訊回饋」，這讓小步產生了興趣，於是便和小廣一起在涼茶店坐下來，喝了涼茶，還跟老闆聊起天來。

QUESTION 疑問

推銷產品時，如何利用雜談來提升業績？

ANSWER 回答

親切的問候是建立良好印象的開始，不要一見到客戶就推銷產品，可以先給客戶自己挑選的時間，然後再詢問對方的興趣、愛好推薦產品。

既然雜談力強對於提升銷售業績大有幫助，那應該怎麼做？

1. 豐富的產品知識和銷售詞彙。

要不斷累積和豐富與自己銷售範疇息息相關的知識和詞彙，多讀多記，以便在推銷時能將這些累積信手拈來。同時要對所在行業的趨勢、動態有一定掌握，了解行業發展和消費風向。

2. 親切的問候是第一步。

親切的給予客戶問候，讓客戶感到自己被關心、被重視，這樣更能讓客戶提升對我們的好感度，也有利於解除客戶面對推銷時起的防備心理。

3. 不要急於推銷產品。

不要在一開始就追問顧客：「你想買什麼？」之類的問題，以免顧客反感。應多說：「需要幫忙嗎？」，如果顧客喜歡自己挑選，可以說：「你隨便看，需要服務的話請隨時告訴我。」

利用雜談提高業務能力

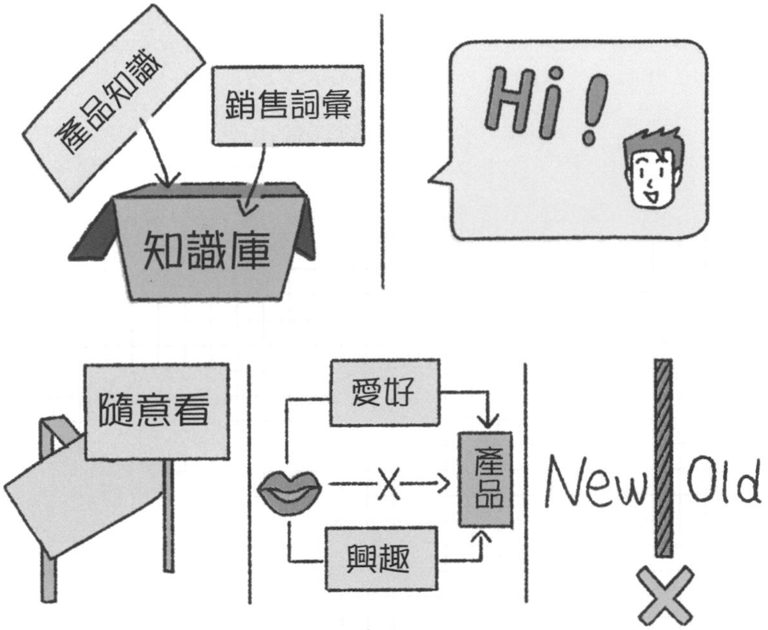
產品知識
銷售詞彙
知識庫
Hi!
隨意看
愛好
產品
興趣
New
Old

❗注意這 5 點，更好的和顧客交流。

4. 利用交談，不經意的詢問對方的購買意圖。

對於不排斥和你交流的顧客，我們可以裝作不經意的樣子，詢問他們的購買意圖，甚至可以問他們平時的興趣、愛好，以此來推薦適合他們的產品。

5. 不要區別對待新舊客戶。

不論新舊顧客，都要當作朋友對待，不要因為他們光顧的頻率不同而讓雜談的內容有太大的差別。

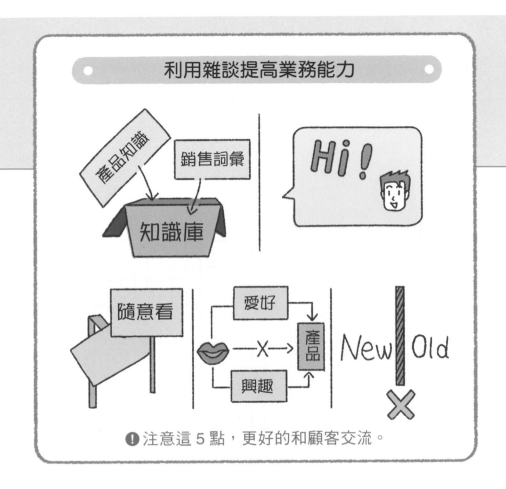

5 話題和菜色一樣，要事先準備

陪客戶吃飯可謂是日常工作中常見的情景，但對於職場新人來說，也是一個不小的考驗。

小澤最近在與一位客戶談專案，對方在首次會談結束後，禮貌的邀請小澤一起吃飯，以加深認識。小澤是職場新人，首次單獨和客戶吃飯顯得有點緊張，生怕自己不懂用餐禮儀，或者說話不周到，所以一頓飯吃下來基本上都是正襟危坐，對方說一句，自己附和一句，場面非常被動。

第二次再跟這位客戶一起用晚餐前，小澤特別向小星請教方法。小星告訴小澤，陪客戶單獨吃飯，首先可以拋開往來業務不談，先借助餐桌將雙方的關係拉近。小星要小澤跟客戶聊聊興趣、喜好、對方的奮鬥史，表示一下敬佩，不要急著談專案。

小澤按照小星的指導，跟客戶以「年輕人如何奮鬥」為話題展開了交談，這

QUESTION 疑問

陪客戶吃飯時，怎樣才能更好的促進合作洽談？

小星哥，陪客戶吃飯時可以聊什麼話題？
不要急著和客戶談業務。先聊聊對方感興趣的話題，如喜好、奮鬥史，並表達敬佩之情。

ANSWER 回答

不要只是聊工作，也可以在用餐時和客戶聊一些日常話題，或者是可以表現你的見識的話題，讓客戶對你刮目相看。

次用餐氣氛就顯得賓主盡歡。

餐桌上的雜談非常重要，可以說，餐桌上談好了，工作洽談就會無往不利；相反的，餐桌上談不好，客戶對我們的印象也會扣分。

1. 借助他人為自己「解圍」。

如果在餐桌上並非你和客戶單獨相對，那麼就可以借助現場中的其他人，避免尷尬局面的發生。這種情況下，我們要「慧眼識珠」，最好是尋找到和你一樣感覺到尷尬，或者不知道說什麼好的對象。一旦對方和你一樣感覺尷尬，那麼只要你開口跟他聊天，對方普遍會非常樂意。

2. 如果是和客戶單獨相對，多聊日常話題少談工作。

如果陪客戶單獨吃飯，最重要的是，找合適的話題以營造輕鬆的氛圍。首先，杜絕談工作。餐前餐後都要進行工作方面的洽談，若在吃飯時繼續談，很容易讓客戶感到厭煩。其次，我們可

與客戶吃飯時的雜談

❗覺得尷尬時，不妨找另一個有同樣感覺的人。

以和客戶談一些輕鬆的日常話題。最簡單的方法是從客戶的飲食偏好入手，比如問：「陳總，聽說你喜歡吃辣，那你是喜歡吃湘辣還是川辣（按：湘辣屬於辣，川辣為麻辣）？」這樣的話題就非常適合作為進餐時雜談的開端。

在餐桌上面對客戶不要緊張，應該把握這樣一個可以拉近彼此距離的機會，充分向客戶展示我們的交涉能力與見識，以利工作順利展開。

6 萬一沒話聊了怎麼辦？

在聊天過程中，話題的發起者都期望得到別人的認同。如果想跟客戶順利的展開交談，我們不妨記住客戶在交談過程中不經意提及的話題點。

小步隨林組長見客戶，到達會議室剛坐下，小步就將專案資料遞給林組長，以為林組長用得上。沒想到，開場半小時，林組長和客戶壓根就沒談專案，而是話家常。只見林組長親切的問客戶：「上次聽說你在試用一個調節三高的食譜，感覺怎樣？」客戶笑著說：「我吃了，感覺現在三高指數下降了不少。我只是隨口一提，你還記著呀！」

這次的專案談判就像老朋友見面一樣融洽。結束後，小步忍不住問林組長，為什麼不一開始就談專案？林組長告訴她，在正式談判開始之前，可以尋找一些雜談話題進行暖場，有利於接下來的工作溝通。

跟客戶談工作，固然非常重要，但是客戶在非工作內容的交談中，不經意甚

QUESTION
疑問

和客戶談工作的過程中，突然沒話聊了怎麼辦？

上次聽說你在試用一個調節三高的食譜，你感覺怎樣？
我吃了，感覺不錯。我只是隨口一提，你還記著呀！

ANSWER 回答

將話題轉移至對方之前提到過的事情，即便是日常話題也沒有關係。這樣做既能讓客戶感覺到被重視，又能化解冷場的尷尬。

至隨便提及的話題，對我們拉近與客戶之間的距離非常有用。

1. 記住對方提及的話題並進行排序。

想要在跟客戶見面時打開非工作性的話題，我們首先要「舉重若輕」。看似在跟客戶雜談，實際上是在用心記住對方所提及的雜談內容，尤其是對方不由自主或者脫口而出，多次提及的話題。然後，再將這些話題根據對方提及的頻率和時長進行排序，就可以看出哪些話題是對方十分熟悉和喜愛的。

2. 再次提及這些話題前，記得想好發散方向。

再次和客戶見面談業務時冷場，或者對話難以展開，最好的做法就是將話題轉移到對方之前提過的話題上。我們在見面之前就要想好話題可以如何延展。這種做法有助於提升對方對你的好感，能快速調動對方與你雜談的熱情，調節氣氛。

3. 談話結束後，記得在本子上記錄下來。

有時候接觸的客戶太多，我們容易忘記或者混淆對方的喜

如何抓住客戶的興趣點

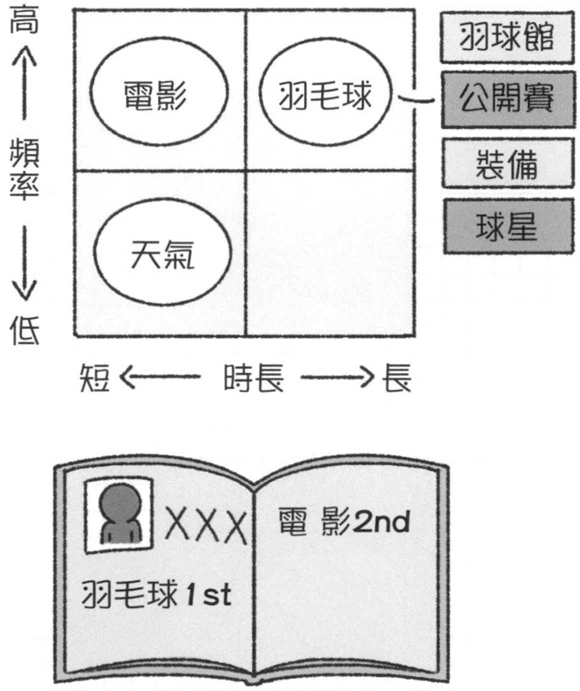
高
頻率
低
短
時長
長
電影
羽毛球
天氣
羽球館
公開賽
裝備
球星
XXX
羽毛球 1st
電 影 2nd

❶記得記錄下來，以便下次提及。

好。所以在每次談話結束後，可以將對方喜愛的話題記錄在本子上，以便下次提及。

除了工作之外，與客戶談對方無意提及的話題，是非常好的選擇。一來能讓對方感覺被尊重，二來也能帶動雜談的氣氛，讓雙方的關係更進一步。

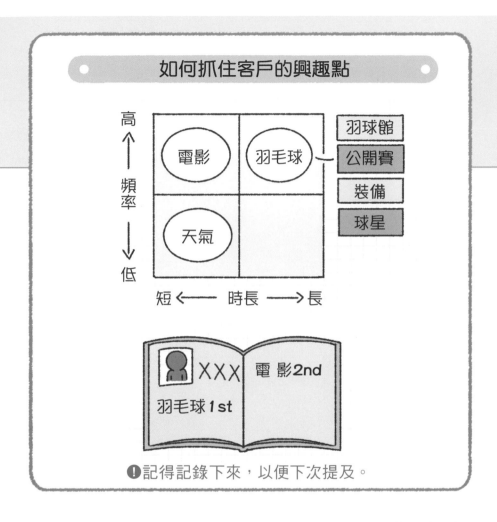

如何抓住客戶的興趣點

抓到對方的興趣點，是進行一場良好雜談的關鍵。可是每個人的興趣都各不相同，因此，想要一語中的並不容易。最基礎的做法是根據不同的性別找準切入點。

1. 如果對方是男性。

■ 比較常規的男性興趣點。

不同的男性，喜好也會有所不同，但普遍來說，電子產品、汽車、工作晉升等方面的話題，是男性相對感興趣的。

如果對方是年輕的小夥子，我們可以以智慧產品，甚至最近時興的黑科技作為切入點，試探並尋找對方的興趣點。如果對方是剛步入中年的男性，他們也許更關注事業上的發展。

所以，我們要根據對方的反應，看看對方對於行業、事業發展的興趣具體在哪個點上。如果對方是公司的老總，那麼事業發展以及流行產品的話題也許都不適合，

如何尋找興趣點

他們一般相對較關心自己公司相關領域的資訊。所以，最佳的切入點可能是該行業最近的一些熱門資訊。總而言之，在把握常規興趣話題的前提下，我們可以根據對方的年齡層及地位，做出具體調整。

■ 男性不大喜歡談的話題。

與男性談話，比較不適合一開口就討論對方的收入以及品味。對於男性來說，年薪收入是非常敏感的話題，倘若談及收入，而對方收入並不高，那麼就會造成尷尬。所以，無論跟什麼年齡的男性交談，我們最好不要討論對方的收入，以免誤踩地雷。

2. 如果對方是女性。

■ 比較常規的女性話題。

當雜談的另一方是女性，我們同樣可以從女性常規的話題切入，尋找對方的興趣點。不過，女性較男性敏感，所以在尋求對方興趣點時，要更加細膩，處理得不留痕跡才好。因此，可以選擇比較常規、輕鬆的點來切入，比如對方的髮型、服飾、包包、鞋子等，這些都是女性比較注重的方面。但也有不喜歡這些話題的女性，所以要根據對方的反應進行調整。

■ 女性不大喜歡的話題。

說起女性不大喜歡的話題，排名第一的肯定是年齡，其次是容貌和私密話題。這些話題會涉嫌對他人不尊重，甚至可以說是侵犯。所以在和女性交談時，即便是比較熟的女性，也要盡量避免談及對方的年齡以及私密話題，特別是不要對對方的容貌品頭論足。就算是對方自己引出這個話題，我們在回應時也要注意分寸，不要把話說得太主觀，要顧及對方的感受。

總結來說，想要尋求對方的興趣點，關鍵在於針對不同性別的人，設定不同的切入點，再根據對方的反應來判斷其興趣所在。尤其要注意避開對方不太喜歡討論的話題。

簡單實踐法

性別不同，愛好也會不同，我們在與對方雜談時，要注意區別對待。當然，首先要了解清楚區別在哪？地雷區有哪些？才能更好的抓住對方的興趣點。

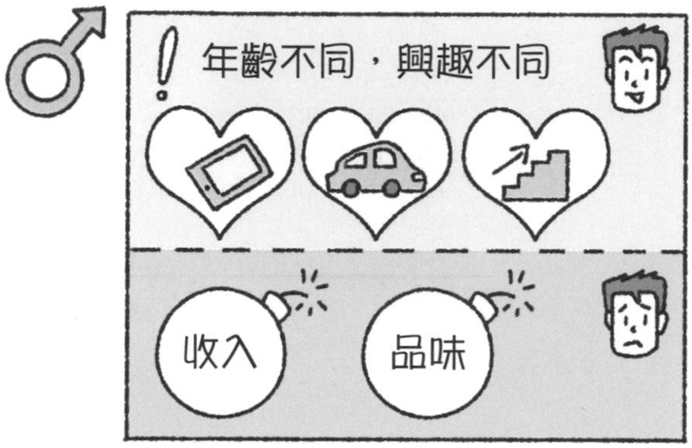

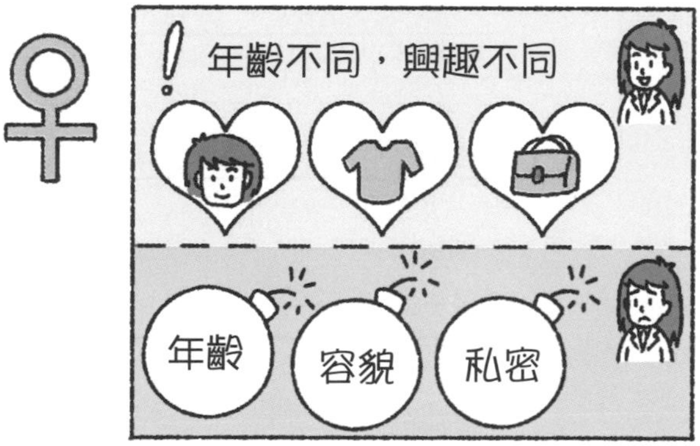

第4章

這些時候，怎麼說比說什麼還關鍵

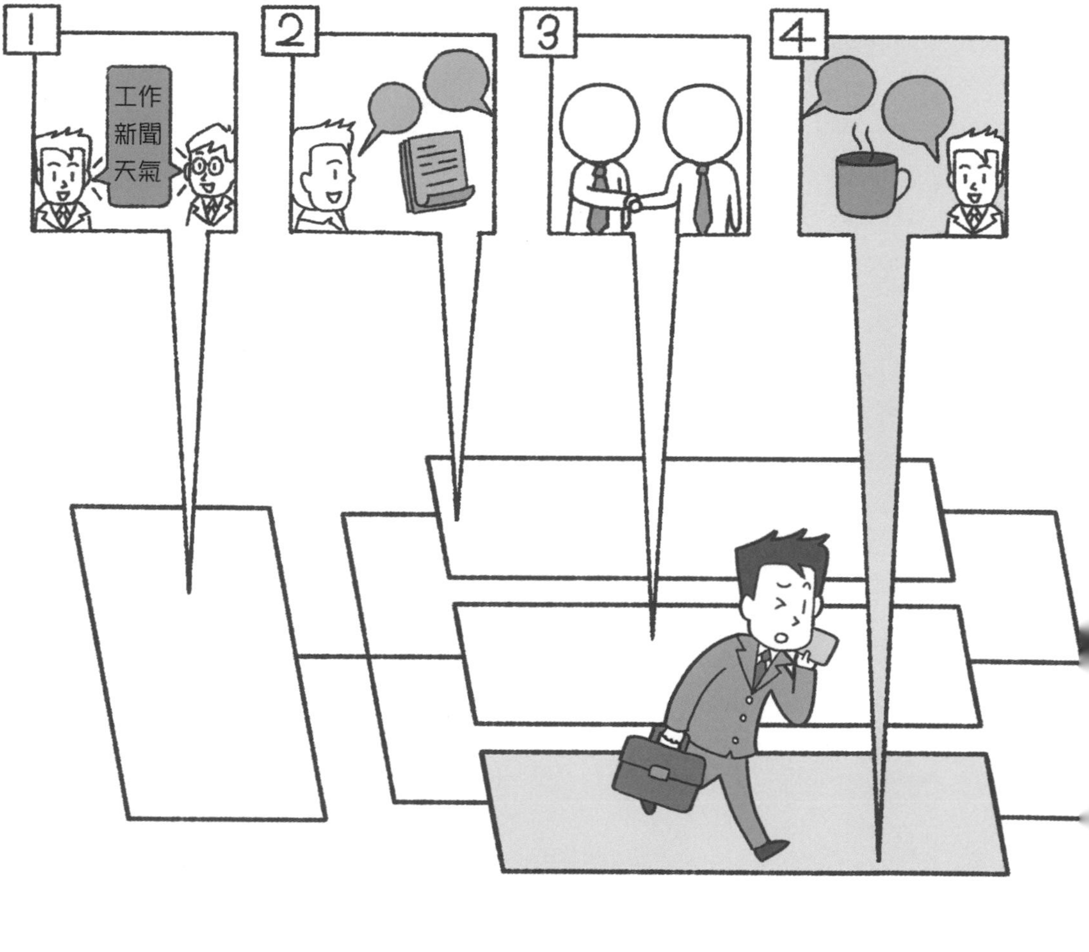

1 忘了對方名字，怎麼補救？

不記得正在跟你打招呼的人的名字，幾乎可以在最尷尬場景排行榜中排得上前幾名了。遇到這種情況應該怎麼辦？最好的做法是「硬著頭皮聊下去」。

小池的工作態度很好，但比較「技術控」，是個「臉盲症」患者，經常遇到同事跟自己打招呼，但自己卻叫不出對方的名字來。有一次他跟小澤一起等電梯，一個隔壁部門的前輩也來了，跟小池打招呼說：「小池這麼早啊，最近的設計專案做得怎樣？」小池知道對方是前輩，但不知道怎麼稱呼好。於是只回一句：「還不錯」。同在電梯前的小澤則插了一句：「我們這些新人，還得請前輩多多教導呢。」有了小澤的幫腔，小池及時補了一句：「是的，前輩對於設計有些什麼心得，請務必教教我們。」接下去話題打開了，前輩開始分享自己對時下流行的園林設計的想法，場面就不尷尬了。

很多時候，當我們記不住對方名字時，可以採用模糊掉對方姓名、僅關注對

QUESTION 疑問

如果忘記對方的姓名，我們可以採用什麼樣的稱謂稱呼對方呢？

ANSWER 回答

可以回想對方的背景，如果對方比較年長、資歷深，可以稱呼對方為「前輩」；如果是平輩，則可以稱呼對方「親愛的」、「兄弟」等。

方背景的方法來應對。

1. 採用模糊的稱謂圓場。

一旦發現自己想不起對方的姓名，就要立刻搜索自己的記憶，尋找自己對對方背景的一些印象。如果對方明顯比我們年長，資歷較深厚，那麼我們可以用「前輩」、「長官」等尊稱。如果對方和我們同齡，對於女性，我們可以用「親愛的」這種熱門的稱謂；對於男性，我們用「兄弟」、「哥們兒」之類的代替名字，都是比較合適的。

2. 找準與對方對話的接入點。

所謂的雜談接入點，其實就是就你對對方現有的了解來引發話題，進行對話，如果你知道對方所在的部門，你可以詢問他最近部門工作忙不忙；如果你知道對方剛完成了一個專案，甚至是一個派對，你可以問他後來結果如何。也就是我們可以採用與對方有關聯的話題作為切入點，詢問他關於這個話題的後續發展，

忘記對方姓名時的交談方式

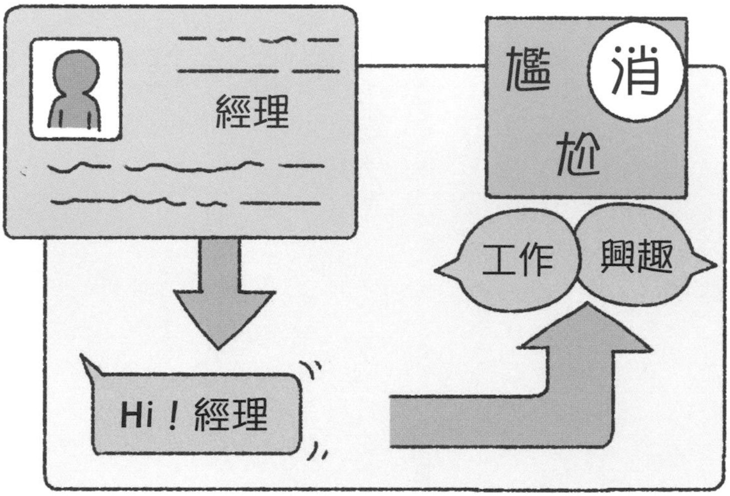

❶忘記名字不要慌張，可以採用模糊的稱謂。

或者談對方感興趣的話題。

總而言之，要記住，即使我們忘了對方的姓名，還是可以繼續聊天的。適當的將話題進行轉移，或者採用對應的稱謂，避開呼名喚姓的打招呼方式。

2 不要安慰，對方的心情反而好些

在交談過程中，環境越單一封閉，就越考驗個人的雜談能力。比如到病房探病，就是一個很典型的較封閉的交談環境。面對這種環境我們應該怎麼做？

小廣和小池一起去探望生病的同事。來到病房，小廣就特別暖心的問道：「現在病情好點沒？你怎麼會得胃炎？不嚴重吧？」同事笑了笑說：「謝謝小廣，醫生說問題不大。」這時小池停好車來到病房，對同事說：「趕緊好起來，等你出院我們帶你吃香喝辣去！」

雖然兩個人都是來探望生病的同事，但是小廣在探病時過於強調對方的病情，反而會讓對方感覺到無趣或者洩氣。相反的，小池並未強調此時的病症，而是側重對以後美好的展望，更容易激發生病中的人對美好生活的積極嚮往。

在探病時，與其讓整個對話停留在對方的病情上，觸發對方的負面情感，還不如選擇積極的話題，帶病人走出被病痛和低落、消極情緒環繞的氛圍。

QUESTION 疑問

探望生病的朋友時，應該怎樣問候對方？

ANSWER 回答

千萬不要直接問對方：「你還痛嗎？」這種直接觸及病人症狀的問題。可以委婉的問病人：「身體好點了嗎？」

1. 探病時最好避免消極的話題。

相信不少人都有經驗，生病的人本身心情就欠佳，尤其是要住院，內心的沉悶以及不安更加明顯。這時候，如果探病的人一味的追問，容易讓病人產生不好的情緒。此外，談話內容也不宜觸及病人最難受的症狀。與其問：「你還痛嗎？」不如籠統的問：「你感覺好點了嗎？」

2. 盡量採用鼓勵對方的積極話題。

探病時的積極性話題有很多，比如「趕緊痊癒出院，我們還要一起去看演唱會」之類的，將鼓勵對方加快痊癒的話融入到話題中。或者向病人介紹自己或者熟人治癒該病的經驗。還可以講一講，工作單位情況良好，以解除病人的後顧之憂。

3. 盡量引起對方的共鳴。

還有一種常見的方式，就是引起對方的共鳴，撇開病情和現狀不談，直接討論對方感興趣的話題。這樣的做法最自然，而且最不

探望生病同事的注意事項

❶詢問不如展望，說些引發期望的話題。

容易冷場。簡單的說，就是除了開頭的一、兩句寒暄之外，直奔主題，討論常規話題，不要圍繞病情和住院話題進行延伸。

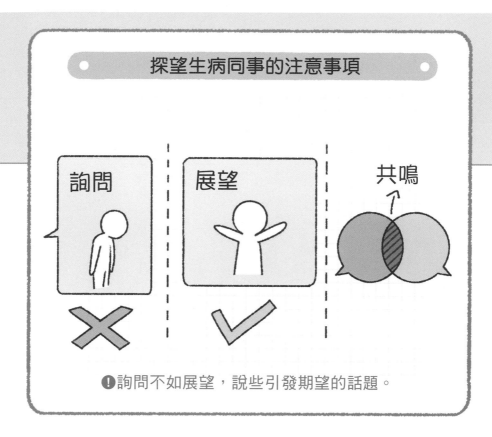

3 捨棄選擇題與是非題，多用簡答題

雜談其實也很注重雙方的互動，如果跟你交談的人特別健談、特別會聊天，那效果自然會比較好，但這不代表說面對不愛說話的人，我們就無計可施了。其實，即便是內向的「對手」，我們也能想辦法好好聊。

小星和小澤、小池一起坐長途車去見客戶。途中，小池總是悶不吭聲，總是問一句答一句。小澤問：「我覺得北京挺好玩，你覺得呢？」小池回答：「嗯，是挺好玩的。」如此幾次，小星忍不住便問小池：「你覺得北京最吸引你的地方是哪裡？」小池想了想，便開始說自己來到北京，想要能去走走看看的地方，而且他還對自己想去的地方，做了詳細的調查了解。聽得小澤目瞪口呆，沒想到小池也有滔滔不絕時。小星告訴小澤，對於不愛說話的人，我們不能給他們選擇題，而應該給他們簡答題。

內向型的人，一般不喜歡過多的公開表述自己的個人想法，或基於不愛說

QUESTION 疑問

與性格內向的朋友聊天，時常會遇到對方回答過於簡短的情況，是我們的提問方式不對嗎？

盡量避免使用選擇題，對方很有可能只會回答是或否，而是要多向對方提問，引導對方組織語言回答你的問題。

話，索性隱藏自己的想法。針對這樣的交談對象，我們要注意交談的方式。

1. 不要給對方選擇題和是非題，要給簡答題。

我們可以從簡單輕鬆的話題切入，但要注意問問題的技巧，盡量引導對方給出具體的答案而不是「是」或者「否」。比如以「週末如何過」作為話題，我們不應該問對方：「這個週末過得充實嗎？」這樣的問題。因為對於這個問題，對方可以直接回一句：「充實」就沒了。我們可以問對方：「這個週末都參加了什麼活動？」這樣的問題，對方需要組織語言，給出詳細答案，能更好的引出接下來的後續交談。

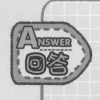

2. 話題不要斷，要不斷引出新話題。

有時候跟內向型的朋友聊天，會給人一種「熱臉貼到冷屁股」的感覺。千萬不能因為對方的回應簡單冷淡，就直接停止對話。在這種情況下，引出新話題最常用的方法，就是跟對方談一

與內向朋友的談話方式

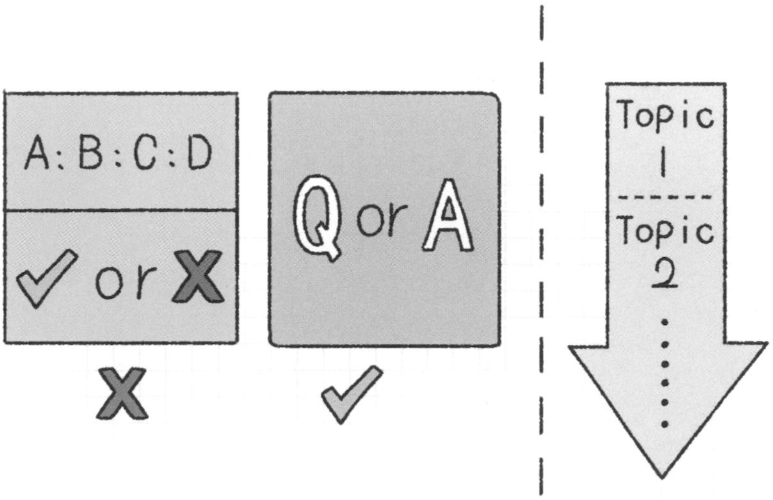
A：B：C：D
✓ or X
X
Q or A
✓
Topic 1
Topic 2

❗捨棄選擇題與是非題，多用簡答題。

些具備普遍性的話題。比如前面提到的「週末去哪裡玩了？」的話題，如果對方回答：「去看電影」，我們則可以接著問：「電影是什麼樣的故事？」之類具體的問題。要注意對方給出的回應，適時的根據新的資訊引發新的交談話題。

跟性格內向的朋友交談，考驗我們的應對能力，以及對話題的設定、延伸能力，因此，這也是一個我們訓練自己交談能力的良好機會。

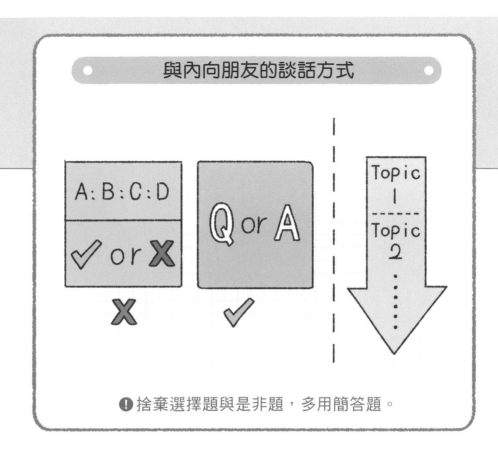

4 被稱讚，表示感謝就好，太謙虛會惹反感

工作和生活中被表揚，固然是一件好事，但現實中也有不少人會因為被表揚而不知所措。過於謙虛容易讓人覺得偽善，而過於自負容易讓人覺得自大。

在公司聚餐時，林組長大力表揚小廣最近的專案做得不錯。小廣一時間不知所措，只是連忙說：「沒有、沒有，我還差得很遠。」林組長便只能說一句：「加油！」就沒話了。接著，林組長讚揚小星帶新人帶得好，小星回答說：「組長你這麼說，我這個『老油條』以後就更有自信了，我只擔心這些後生們嫌我要求太高。」小星此話一出，林組長連忙對小星帶新人的方式，進行全面的肯定，而一班新人也趕緊表示謝謝小星的教導。小星的話連接了組長以及新人兩方，場面也立刻熱鬧起來。

寵辱不驚，方有大將之風。而實際對答時我們不能一味的謙虛，要得體的回應對方，表示對對方的感謝。不能因為過於謙虛而「貶低」了自己。

QUESTION 疑問

被表揚了，為什麼過度謙虛會給人帶來不好的感覺？

ANSWER 回答

因為過度謙虛會讓人覺得你並不領情，而且也會讓其他人質疑對方的讚美。

1. 需要表示感謝，但不能過於謙虛。

當我們受表揚時，表示感謝是必須的。可是有的人除了感謝，還有洋洋灑灑的謙虛，不停的說：「沒有、沒有，我哪裡好啊，真的不行，我還得努力」諸如此類的話。謙虛固然是好的，可是如果一直重複，就有可能給對方不好的感覺。為什麼？一來，對方公開對你表示讚賞，可是你一味謙虛不肯接受，很容易讓對方覺得你不領情；二來，當對方在公眾場合讚揚你時，如果過於謙虛，一不小心就會讓在座的人質疑對方的看法。

2. 在回應中融入話題，擴大雜談範圍。

讚賞和被讚賞者之間的對話，經常是一種非正式的雜談狀態。因此，在我們表示感謝之後，還需要在具體的回答中，承接對方對你的讚賞，融入和引出一定的話題，讓雙方繼續往下聊。這樣會讓對方感覺到你是一個有想法、有能力的人，從而增加對你的好感。

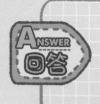

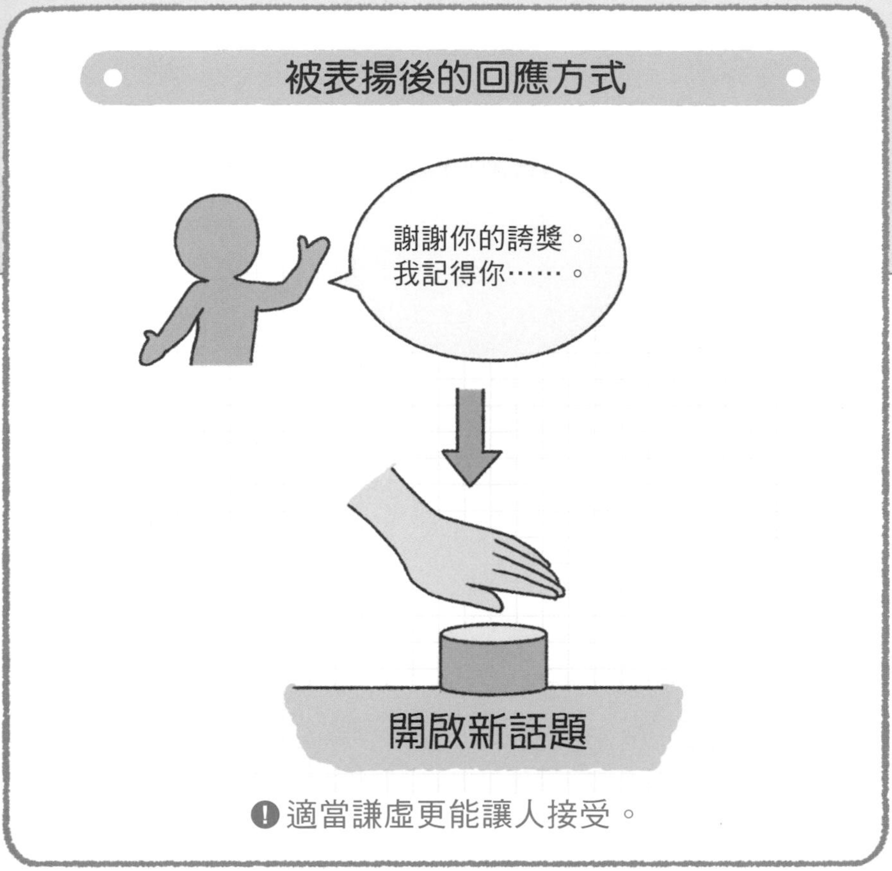
被表揚後的回應方式
謝謝你的誇獎。
我記得你……。
開啟新話題
適當謙虛更能讓人接受。

總而言之，想要在受表揚時表現出色，除了必要的感謝外，我們還需要注重承接讚揚的話題，擴大雜談範圍，切忌過於謙虛，否則會使人認為「稱讚你比批評你還累」。

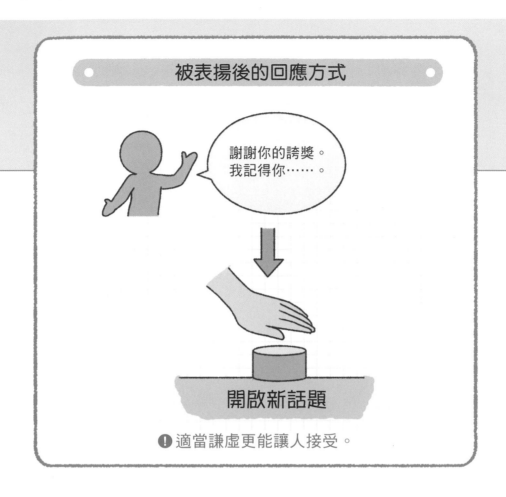

5 跟戀人的父母怎麼聊？用年代喚醒對方的回憶

雙方家長第一次見面吃飯，不論是你或是你的戀人，想必都「如臨大敵」。畢竟，你們愛得天翻地覆，可是雙方家長卻彼此不熟悉。這時候，最好的方法是利用有效的雜談，加深雙方關係。

小池和女朋友及雙方的父母正在飯店包廂吃飯，雙方父母都不是本地人，是從各自的家鄉趕過來的，這也是他們第一次見面。剛見面大家也不知道說什麼，氣氛很尷尬。幸好小池機智，趁著服務生上了一道女方的家鄉菜，便說：「伯母，請妳嘗嘗這道菜，我爸媽知道這是妳那邊的家鄉菜，特別點的。」這時候，女方家長便開口道謝，小池媽媽接腔道：「老頭子你不是一直挺喜歡吃湖南菜嗎？趁著親家母在這，你可得學兩手，回頭做給我們嘗嘗。」就這樣，小池為雙方父母打開了一個關於家鄉菜的話題，開始往下聊。

小池利用家鄉菜這個話題，促進了雙方父母的交流，是有效而且實用的做法。

QUESTION
疑問

有什麼樣的話題是雙方父母都能聊的？

ANSWER 回答

雙方父母第一次見面時可以聊聊他們那個時代的話題，比如生活環境、工作等。也可以聊聊養生或者身體健康之類的話題。

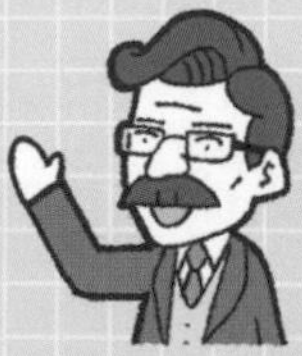

想讓彼此不熟悉的雙方父母開始交流，我們最好找準雙方父母的共同點，從他們共同感興趣的話題切入。

1.時代感強的話題。

無論雙方父母在生活環境、工作背景等方面有多大的差別，有一點是他們所共有的，那就是雙方成長的年代背景。如果雙方父母一直乾坐著，不知道從何談起，我們不妨談談他們的成長年代。用「現在」跟「以前」的對比，喚起他們對「以前那個年代」的回憶，然後再引導他們就那個年代的人事物進行交流。

2.提前跟戀人商量好話題。

你對戀人的父母可能不熟悉，但對方對自己的父母可能很熟悉。所以，最好的辦法是在雙方父母見面前，戀人之間先聊一聊雙方父母的喜好。然後，透過戀人透露的訊息，可以找到對方父母跟自己父母的一些交集，進而找出話題來，讓雙方父母開始交談。

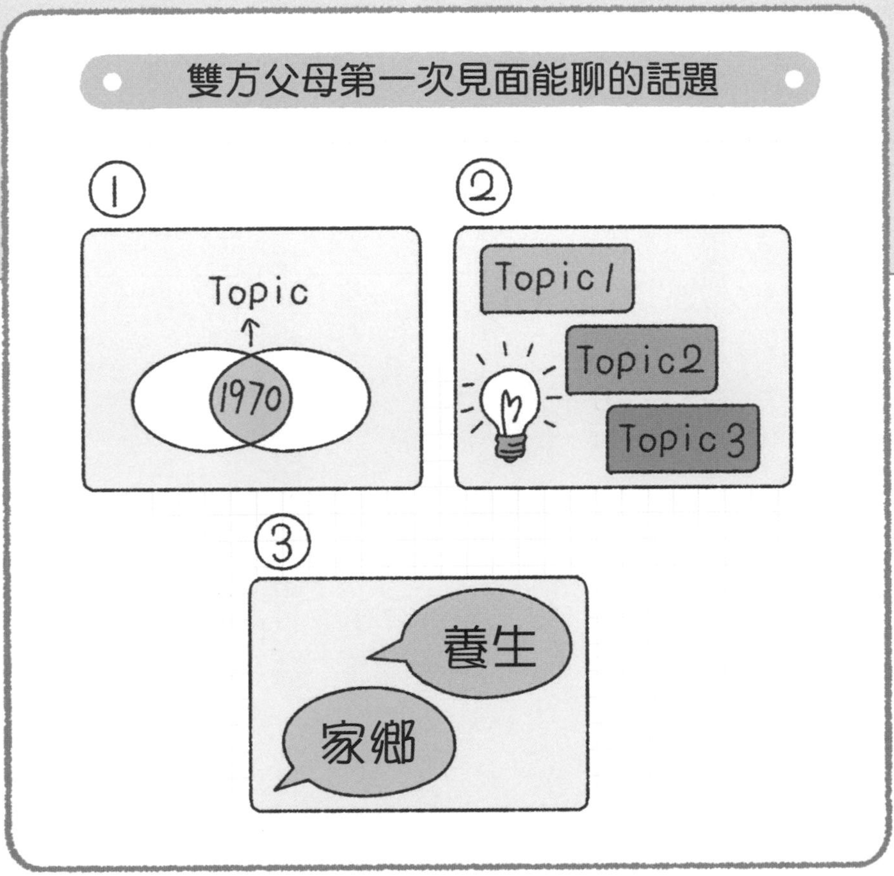

3. 以家鄉特色、身體狀況等話題進行切入也是非常有效。

如果雙方父母生活在不同的城市或者省分，那麼家鄉特色或者人文風貌是很不錯的交流切入點。除此之外，中老年人比較關注的身體健康問題或養生方法也是很好的話題。

6 遇到假謙虛的人，要先否定後讚美

在工作和生活中，能遇到謙虛且勤奮好學的同事或朋友，自然是好事。不過，並不是每個謙虛的人都是真謙虛。一旦遇到假謙虛的人，我們得讀懂對方的潛臺詞，改變雜談的方式。

小星帶著小澤一起去見一個客戶，客戶說話特別「謙虛」，一見面就說：「哎喲，我們這種小公司、小專案，總是勞駕你們親自來，多不好意思啊。」小星回了一句：「王總，瞧你說的。」然後客戶又說：「我們這是小本生意，經營不易啊。」小澤見狀，便開口說：「如果是這樣，我們可以特別為你設計一個費用稍微低一點的專案。」聽小澤這麼說，王總倒是尷尬了，臉色沉了下來。小星趕緊幫腔：「小澤你看你，到底是年輕啊，王總那只是謙虛，誰敢把王總的企業當小公司呀。」

小澤不明白王總其實是假謙虛，所以真的把王總看成弱小的一方，王總就不

QUESTION 疑問

如果主管對你說：「現在的手機功能越來越複雜了，我真是跟不上潮流了。」你該怎麼回應？

ANSWER 回答

千萬不要以說教者的身分去告訴主管怎麼做，而應該強調薑還是老的辣，主管只是謙虛，明明很在行，比如照片拍得很好之類的。

開心了。而小星明白王總是假謙虛，不用安慰和體諒的態度與其對話，反而讓王總覺得小星說話很有分寸。

生活中有不少人有假謙虛的習慣，總是自嘲、自貶，但我們一定要留意，他們那種自嘲、自貶並非為了讓你安慰他，反而是期望你去否定他的話，並讚美他。

1. 如果對方是客戶、長輩或者主管、老闆。

如果假謙虛的對方處於優勢，你就需要花心思用話語去附和他。我們需要聽出對方的「話中有話」，及時對對方的話進行否定，並且往反方向去讚美對方。比如主管或者長輩用自己的弱項進行「謙虛」，說自己某些方面跟不上潮流、落伍了，這時就要強調薑還是老的辣，對方在這一方面明明很在行。千萬別拿對方的自黑、自嘲當真，還說要教對方這方面的知識。

2. 如果對方是同輩，盡量用平等的態度對話。

如果假謙虛的對方是你的同輩、朋友或者同事，就要盡量用

遇到假謙虛的人時應對方式

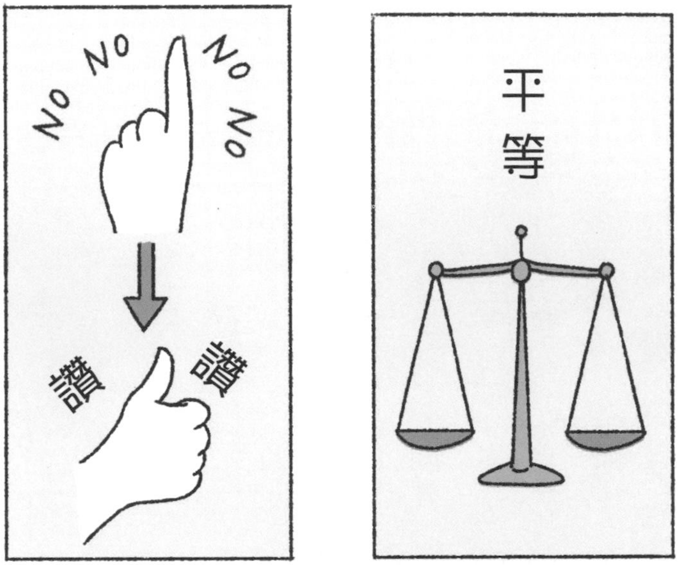

❗遇到假謙虛的人要先否定後讚美。

平等的態度去回應對方，不能輕易就對方的話語表示安慰，更不能表達同情。比如朋友自嘲說自己薪水低，這時候我們要做的是表現出你的狀況還不如他，甚至可以吐槽一下自己工作和生活上的心酸。千萬不要安慰對方，鼓勵對方只要努力就會進步，這樣對方很容易會覺得你看不起他。

面對假謙虛的人，不要一味的順著對方的方向走，要以平等，甚至是讚美對方的態度，否定對方的「自我貶低」，讓對方感覺受到尊重，這樣才能有利於後續交談的展開。

7 被挖隱私，不想回答就把問題打回去

生活中基於人的好奇心，不時會有人打探你的隱私。面對這樣的人，倘若跟對方關係好，我們可以「開誠布公」，或者可以有技巧的將話題繞開。

在不少人眼中，小廣雖然話不多，卻是個踏實人，因此公司裡、生活中，總有人想打探小廣的生活狀態、收入情況等。有一次在公司茶水間，就有同部門的幾個人聊起來：「小廣，聽說你最近業績不錯啊，季度獎金漲了不少吧？」小廣聽後，臉紅了，不知道該怎麼回答。一方面，他不想告訴別人自己的季度獎金是多少；另一方面，直截了當的拒絕回答，可能會讓幾位前輩不悅。小廣只好支支吾吾的乾笑，而對方仍舊在追問。幸好這時候小步來了，看到小廣尷尬，就幫腔說：「季度獎金下來了？漲了？真的嗎？大家都漲了嗎？」幾位前輩自然不想跟小步分享自己的獎金金額，於是便客套幾句，走開了。

小廣之所以面對這樣的情況不知所措，是因為他不善於像小步那樣，技巧性

QUESTION 疑問

如果有不熟的人問你：「交女朋友了嗎？」之類的隱私話題，該如何回答才能比較得體的迴避掉？

ANSWER 回答

可以將我們的態度隱藏在回答之中，用反問句將問題打回去，比如「那你呢？」如果直接回答「無可奉告」反而會太生硬直白。

的將「球」踢回給對方。

當遇到別人想挖我們的隱私，而我們又不想將隱私暴露於人前，怎麼辦？

1. 將話題打回對方身上。

面對這種情況，最有效的做法就是將問題打回給對方。首先，我們可以持模棱兩可的態度，如果對方問你：「最近有沒有交女朋友？」你可以採用「哈哈，你怎麼這麼關心我？每次都問這個問題」這樣的回答，既不否定又不肯定，而且不會因為太堅決而得罪對方。然後，我們還可以承接對方的話題，將話題反問回去（「那你呢？」），這樣就能夠將話題從我們身上轉移到對方身上，從而避免對方繼續挖自己的隱私。

2. 面對關係不熟絡的人，可以將你的態度隱藏在回答中。

遇到關係平平的人想挖你的隱私，除了將話題打回到對方身上之外，還可以將自己「不便告知」、「不想明說」的態度隱藏

如何應付想挖你隱私的人

❗不想回答就把問題打回去。

在回答中。比如對方問你：「交女朋友了沒？」你可以笑一笑回答：「那妳呢？妳交男（女）朋友了沒？」這樣做非常有效，不過我們也要注意語氣和態度，千萬不要太認真嚴肅而影響後續交談效果。

如果交談時，對方用問題打探你的隱私，而你並不想分享，那我們可以承接這個話題，將問題打回對方身上，還可以適當的將自己的態度隱藏在回答中，然後轉移話題。

這樣安慰，人家才有可能接受

在眾多生活工作的雜談場景中，有一種雜談是做好了能加分，做不好適得其反的，那就是安慰別人的雜談。由於我們是在對方遇到問題的大前提下進行交談，因此我們不僅要把握好話題的切入點以及引申範圍，還需要顧及對方的感受。

1. 感同身受。

在我們與對方展開對話，得知對方正遇到困難時，我們首先要感同身受，表達出能體會對方困境及心境的態度。可以採用「如果我是你，一定做不到你這麼好」、「如果我是你，可能就沒現在這麼堅強了」之類的話，來表現出你能站在對方的立場上考慮的態度。

2. 體恤對方。

在表達出自己感同身受的態度之後，還要體恤對方，表達出明白對方的狀態，並且關心對方現狀的態度。首先，要就對方的實際情況做出回應，不應太虛無的講述

如何安慰

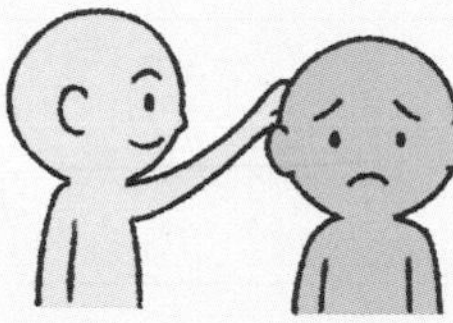

一些單純勵志的話，這會給人一種敷衍的感覺。

比如對方講述自己的專案受阻，你可以就「專案受阻」的情況，回應對方：「專案為什麼受阻？是不是客戶那邊有狀況？」那麼，接下來，對方可能就專案受阻的原因跟你進行交談，這樣能幫助對方講出心中的鬱結。或者，詢問對方當時是如何處理的，並對此進行鼓勵。可以就對方剛才訴說的訊息進行詢問，表現出對對方現狀和後續發展的關心。我們還可以就自己曾經遇到過的類似情況，跟對方分享，說說自己當時遇到的問題。

3. 站在客觀的角度，給予對方意見。

當然，在我們安慰對方的過程中，必要的落腳點除了鼓勵和安慰，也可以給對方建議。具有可實踐性，可以幫助解決問題的意見，往往是能安慰對方，讓對方心情好轉的良藥。因此，我們可以站在客觀的角度，就對方遇到的問題進行分析，跟他分享你的意見。當然，在給出自己意見的過程中，我們要以恰當的方式將自己的意見融入對方的關心之中。比如你可以說：「這樣真糟糕，我聽著都覺得鬱悶呢，你看我們能不能試試這樣做？你覺得這樣會不會有效果？」這樣的話，既提了你的意見，又不會給對方一種你高高在上，他搞不定，你卻輕鬆想到解決辦法的感覺。

安慰對方的雜談，我們既要考慮對方的實際情況，表達我們的感同身受以及體恤，也要適當的鼓勵和給出自己的意見和建議。同時也要兼顧對方的自尊心，不要過度安慰，讓對方覺得你在可憐他。

簡單實踐法

　　安慰是很重要的，如果對方心情不好，你能說些安慰的話，對方愁苦的心情就可能煙消雲散！

第5章 至少要會的雜談技巧

1 多動筆、多記錄，保持熱度不難

正所謂「不打無準備之仗」，在生活工作中，不少人會就匯報題材反覆斟酌、就演講稿進行反覆修改，卻很少有人會為雜談特別做準備。

公司的月度分享會上，小澤發現小池總是「唰唰」的寫個不停，而輪到小池發言時，他就像能抓準每個人的心理喜好一樣，一個話題引起了某個同事的雀躍，另一個話題又讓另一個同事特別有共鳴。小澤忍不住問小池到底是怎麼做到的。小池告訴他，隨身帶一個小本子，記下某些人特別喜歡的話題，或者記下別人談話的重點，豐富自己對別人的了解，掌握更多大家感興趣的話題，就能更好的和別人聊天。

小池的做法是提升雜談力的良好途徑。由於雜談涉及我們的應變能力，也涉及我們對談話方的了解程度，因此，越是善於記錄對方的興趣點，就越能有針對性的提出雜談話題，從而讓交談更加順暢。

QUESTION 疑問

雜談的話題大都是比較隨意的，
我們該如何將這些話題進行分類？

ANSWER 回答

話題大致分成兩類：一類是與工作相關的話題，另一類是與生活相關的話題，可以根據與雜談對象的親密度選擇話題範圍。

不少人覺得雜談就是隨便談，無須準備什麼。其實，累積有針對性的話題，對在交談過程中豐富談話內容很有意義。

1. 注重日常累積，避免準備不足。

「不積跬（音同傀，半步）步，無以至千里」，如果我們想更好的迎合對方的話題，或者提出對方感興趣的話題，記住：多記錄別人的談話要點，及各自提出過的雜談話題，能提升雜談品質。

2. 對記錄下的雜談進行分類。

在每天與他人的交談過程中，我們能搜集到非常多樣化的話題，如果要全部去了解，則需要花費大量的時間和精力，那麼應該怎麼處理呢？我們可以把交談的對象分為兩類，一類是工作關係，那麼話題可以圍繞工作心得、公司近期的活動等；另一類是朋友關係，可以根據關係的親密程度，擴大交談的話題範圍。

面對關係比較疏遠的朋友或者不願意聊工作的同事，我們則可以準備一些生活類的軟性話題，比如最近的社會焦點、行業的

與人雜談之前的準備

記錄雜談話題

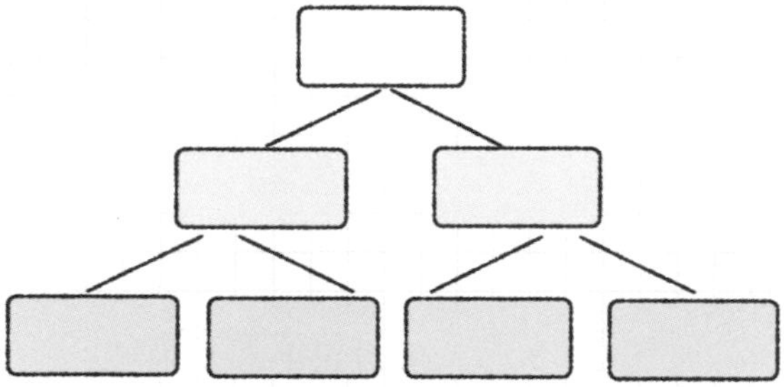

對他人感興趣的話題加以分類

❶ 多動筆、多記錄。

發展趨勢等。雖然這一類話題並非和職場工作直接掛鉤，但卻是很棒的談話題材，也能給人一種你關注生活、涉獵面廣的良好印象。

大家不必想當然的以為自己的雜談能力和個人的技巧水準有關，其實很多雜談之所以不順暢，只是雙方或自己準備不足所致。因此，如果我們做好準備，雜談就能更加順利。

2 自我介紹的目的──「印象深刻」

在相識初期，想要讓對方快速記住自己，就要講求自我宣傳的技巧。將自己和可以給人留下印象的實物聯繫起來，是很不錯的辦法。

小步和小池合作跟進一個專案的後期收尾，正好兩人要一起到財務部開會。在初次合作時，小池和小步分別自我介紹。小池詳實的介紹了自己的名字和職位，而小步的介紹則比較生動。她說：「大家好，我叫小步，大小的小，步伐的步。最喜歡吃起士蛋糕，大家要是有起士蛋糕，可別忘了我哦。」幾天之後，小池和小步再次去財務部洽談剩下的事宜，見面的時候，小池發現對方不記得自己的名字，但是大家對小步的印象卻非常深刻。

將自己和一種常見或者耳熟能詳的實物聯繫起來，特別能加深對方對自己的印象。

我們想讓自己給對方留下深刻印象，就要講求有技巧的自我宣傳方法。

QUESTION 疑問

如何用聯想法介紹「小新」這個名字？

ANSWER 回答

看到小新這 2 個字的第一反應是什麼，就根據這個來介紹，比如我會聯想到蠟筆小新，是不是很有記憶點呀。

1. 解析名字。

在各種自我介紹的方法中，有特色的介紹自己的名字，更便於別人記憶。在解析自己名字時，你可以說名字來源於父母的期望、歷史典故或者某一特別的故事等，用這種發散思維的方式將自己的名字與一些事物聯繫起來，能讓別人迅速記住你。

2. 與實物相結合。

採用聯想的方法將名字與實物相結合，能讓別人產生記憶點。首先，將自己的名字寫在一張紙上，從諧音的角度找出關鍵字。然後根據關鍵字找出接近的實物，如果是自己喜愛的就更加好介紹。最後只需組織語言將其串聯起來，多練習就可以。

3. 定位自身形象。

我們還可以對自身做一個形象定位。根據自己的實際情況設定一個標籤。標籤不能太廣泛，比如：我喜歡打羽毛球。這樣的介紹太廣泛，如果變成：「我擅長打羽毛球，有關裝備選擇或者

讓人印象深刻的自我介紹

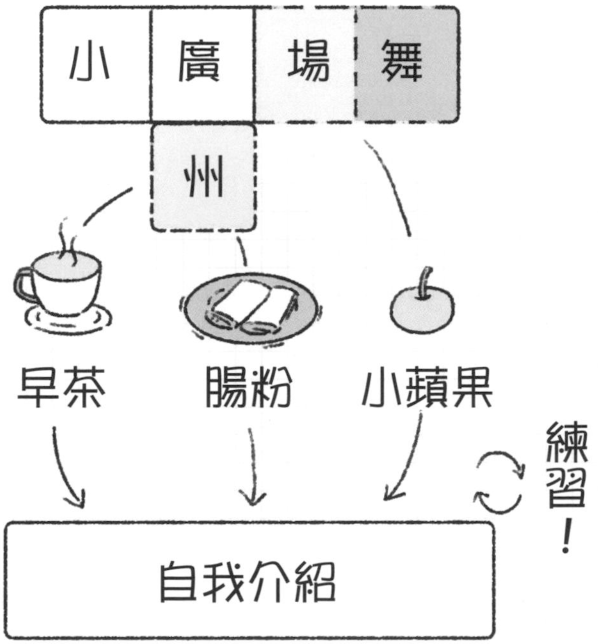

❶實物越熱門，越能讓人印象深刻。

其他與羽毛球相關的問題都可以問我哦！」

在自我介紹中，用具體的事件對之前我們給自己定位的標籤進行強而有力的強調，讓這個標籤變成我們個人密不可分的一部分。

3 「一問一答」引導對方說更多

雜談對於不擅言辭的人來說是一種考驗。他們往往內心有很多想說的，卻不知如何表達出來。因此，當我們與這一類人雜談時，要更加側重引導對方開口和表達意見。

小廣是一個不擅言辭但做事非常勤奮的人。有次小池遇見小廣，便問他：「小廣，最近工作如何？忙不忙？」小廣：「還行。」小廣的回答讓小池接不上話。這時小步來了問道：「小廣，最近在忙什麼？」小廣回答說：「在忙一個主題公園的園林區域設計。」小步繼續問：「主題公園裡的園林？那是什麼主題呢？你應該有很多、很好的點子吧？」沒想到小步這一問，小廣就好像打開話匣子，把自己的觀點、想法、計畫都說了出來。

小池和小步都想讓小廣多說幾句，但是小池和小步的區別在於，小池的問題過於廣泛，對於不擅言辭的小廣來說，鉅細靡遺的回答並不容易。而小步的問題

QUESTION 疑問

如果你的工作夥伴是一個不太擅於言辭的人，你該如何就工作上的問題和他交流？

ANSWER 回答

交流時問具體的問題比較好，盡量不要問是非題。這樣更能打開對方的話匣子，然後再一層一層的引導對方給出你想要的資訊。

帶有誘導性，十分具體，小廣只要一個接一個的回答就可以。

對於不擅言辭的人，我們想要他們開口說話，最好的辦法是給一個範圍小、非常具體的話題。

1. 相對具體的問題比較好。

具體的問題會比有較大發揮空間的問題來得有效。比如想問對方平時週末的消遣。如果問：「週末一般怎麼過？」這是一個範圍非常廣的問題。相反的，如果問：「週末喜歡做運動嗎？」很明顯後面的問題範圍小了很多，被問的人需要回答出一個具體的活動或者運動來。這樣就可以讓我們更確切的知道對方的資訊，從而引導對方和我們一起展開接下去的話題。

2. 一層一層往下問，引導對方說話。

在得到第一層的初步資訊之後，我們必須要一層一層的往下深挖，才能借助雜談，增進雙方之間的關係。可以是由大到小的範圍，比如：「你喜歡閱讀還是運動？」、「你喜歡什麼運動？」、

讓不擅言辭的人說話需要注意的事項

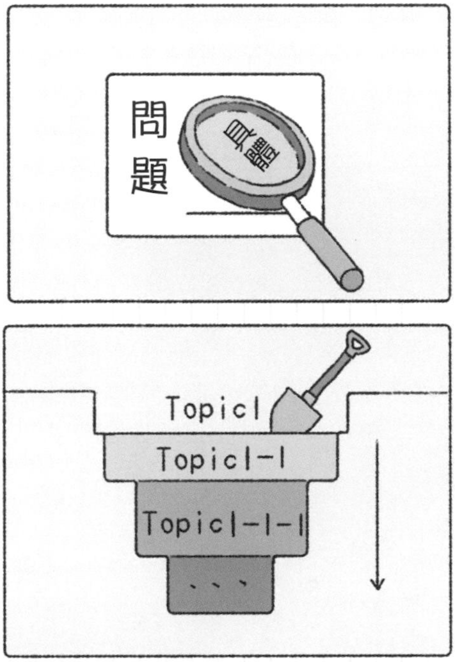

❗做一個話題的開發和引導者。

「足球你喜歡踢前鋒還是後衛？」還可以由中心點往外輻射的方式，比如「聽說你喜歡看某某小說？」、「這本書是馬丁寫的，他寫的另外一本小說你看過嗎？」

想要引導不擅言辭的人表達觀點，我們要注重給定雜談話題的界限。也就是以「一問一答」的形式展開，然後再根據對方的回答一層層問下去，引導對方說出更多的意見、想法或話題。

4 加入聊天？你要先觀察，後參與

想要利用雜談增進雙方關係，參與雜談算是第一步。不過，雜談雖然無強烈的目的性，但想要插話也要找準時機，否則容易帶給對方負面印象。

結束了一上午的工作，同事們聚在一起閒聊著，剛從餐廳回來的小廣和小步走過去想要加入大家的談話。小廣一過去就試圖直接插入對話，可是由於沒有聽到之前的對話，小廣說的內容並不合適，引起了同事們的輕微反感。而小步打了個招呼就靜靜的在旁邊聽著，偶爾順著其他人的話配合著說幾句，反倒很快的融入了話題，還用言語巧妙的化解了因為小廣引起的尷尬。

小廣在未了解清楚之前就急於融入話題，反而弄巧成拙。相反的，小步先以聆聽作為基礎，了解交流者的談話內容，再適當的以配合當前主流話題的方式，切入到交談之中，顯得更自然。

想要更好、更自然的融入正在進行的雜談，參與話題討論，不能直接插話、

QUESTION 疑問

我們在融入別人的談話之前需要做些什麼？

ANSWER 回答

不要急著插話，我們應該先以聆聽為主，了解別人雜談的話題，並觀察他們的反應，以便對話題方向有更好的掌握。

搭訕。最好的方式是選擇適合我們的雜談話題，先觀察，後參與，尋找最佳切入點。

1.分階段的參與話題討論。

當我們遇到別人正在就某個話題進行雜談時，不必急於即時插話，參與話題討論，而應該分階段的參與。首先，聆聽參與者的討論內容，並觀察他們的反應。這一階段的目的在於：了解當前的對話內容及主題，讓我們對話題方向有更好的掌握；其次，你可以重複其中一人所說的內容，或者用提問的方式進行雜談話題確認；最後，可以對聊天過程中的某些觀點、論點等提出疑問、贊同、反對，真正的參與進這次雜談，但是要注意提出疑問和反對觀點時的態度。

2.選擇性的參與話題討論。

積極參與雜談，確實能有更多機會，在實踐中提升自己的雜談能力，但並不代表每個雜談我們都要參加。一來，並非每一個

融入話題的方法

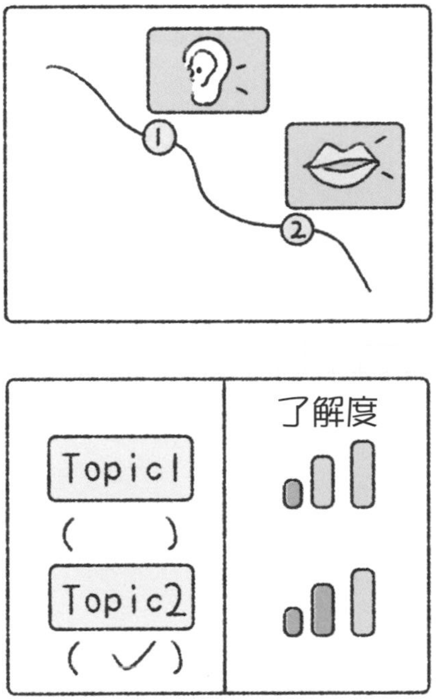

❶ 先聆聽、觀察，後參與。

話題我們都擅長，如果遇到不擅長的話題，而我們強行參與，很可能會說錯話，給人留下負面印象；二來，雜談參與者也是我們的重要考慮因素，如果對方和我們關係並不熟絡，而對方成員之間比較熟絡，若貿然加入很可能會讓對方產生被打擾的感覺。因此，對於這種情況，我們可以先打招呼，然後再根據對方的態度決定要不要加入雜談。

5 順著毛摸，就能拉近雙方關係

對於雜談參與者來說，雙方的價值觀是否一致或相近，是雙方是否能順利聊下去的重要基礎。因此，在雜談時，我們一定要學會挖掘對方的價值觀，順應對方的價值觀去展開話題，才能更有效的進行雜談。

有一次小步和小池一起去見客戶，客戶跟他們閒聊自己的家事，說保母在其放假期間帶小孩學騎自行車，小孩差點受傷，幸好保母拚命保護。小步聽後不禁感嘆：「哎喲，真是個好保母啊。」客戶聽後，不予評論。小池補充說：「保母是用心，不過還得多加強法律意識方面的教育。」聽到這裡，客戶笑了，跟小池聊了起來。

想跟別人聊好天，首先要透過對方的話題、語氣以及微表情了解他的價值觀。細心聆聽就會發現，客戶並不贊同保母在放假期間私下帶小孩出去玩，因為保母放假期間對小孩並無法律責任，出了問題，誰也說不清楚。

QUESTION 疑問

為什麼有的時候同一個話題，
有的人能聊下去，而有的人卻不能？

ANSWER 回答

所謂相談甚歡，那是因為交談的雙方對於這件事的價值觀是一致的，看法相同，所以聊得既開心又順暢。

價值觀決定了一個人的雜談話題和方向，所以，我們需要透過談話了解對方的價值觀，這樣才能有利於雜談的延伸。

1. 學會聆聽，挖掘對方的價值觀。

價值觀是一種與我們日常談吐、行為融為一體的思維方式和觀念，因此只要我們用心聆聽，細心觀察一個人的表情、神態以及他對某個話題所持的態度，我們就能了解和挖掘對方的價值觀。比如生活中很尋常的交通意外，如果一方堅持要報警，而另一方堅持私了，那麼我們就可以看出，前者的價值觀傾向於照章行事，而後者則傾向於道德約束。因此，在雜談中，我們要留意對方對某一件事情的取捨和態度。

2. 學會記住不同人的價值觀和思維方式。

「順著毛摸」很多時候是最有效拉近雙方關係的方式。因此，要了解並記住對方的價值觀以及思維方式。然後，當我們與對方對話時，就要適當的順應對方的價值觀引出話題，這樣起

挖掘對方價值觀的方式

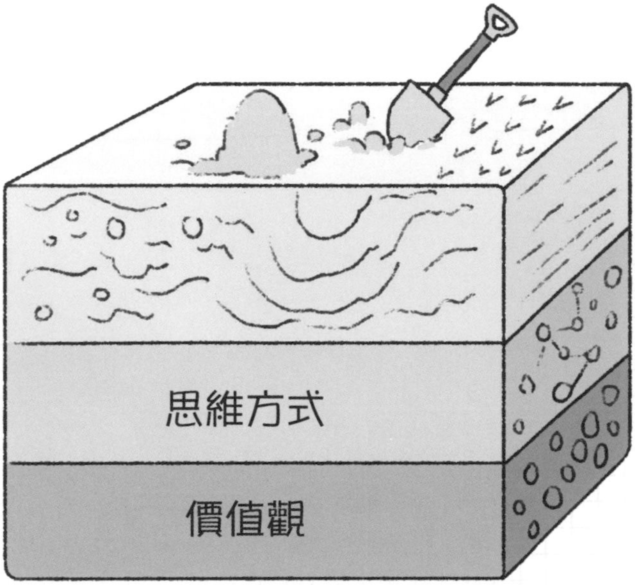

❗對話題的態度能顯示一個人的價值觀。

碼能將對方對話題的興趣度提升至最高點。其次，要順著對方的思維方式進行話題展開。這個展開包括兩個層面，一個是我們的回答要對，另一個是話題擴展最好遷就對方的價值觀，這樣更能讓交談取得好的效果。

想要挖掘對方的價值觀，我們首先要抱持好奇心，透過觀察和聆聽，挖掘對方的價值觀和思維方式，然後再記住不同人的價值觀，以便在後續雜談中更能迎合對方的興趣點，展開對話。

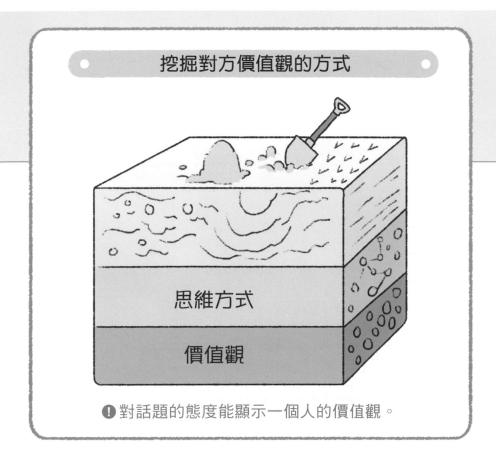

6 交互使用開放式／封閉式問題，引導對方開口

雜談中討論某一話題時，因為雙方觀點不一致，有些人會明確表達自己的想法，而有些人則會將自己的想法隱藏。遇到這種情況，我們就要採用提問的方式讓對方表達出自己的想法。

小廣接待一個上門客戶，按照常規做法，給客戶介紹了各種園林設計的案例，可是客戶一直不出聲，始終保持不置可否的態度。小星見狀，便上前問道：「想必，先生你有心儀的園林風格，能否跟我們分享一下你的心得？」小星的話既有詢問，又帶有讚美，於是客戶開口講述了自己對園林設計的想法。接著小星繼續問，客戶又就小星的問題展開自己的想法。就這樣一來一往，小星雖然沒有明確的讓客戶說出自己想要的具體風格，卻在多個問題中探出了客戶的喜好。

案例中，小廣之所以對客戶毫無辦法，是因為小廣給定的範圍過於主觀和具體，一旦客戶不認可，雙方就難以繼續談論。相反的，小星給出的是開放性題

QUESTION 疑問

在討論專案提案時，遇到有人不發表自己的意見時怎麼辦？

ANSWER 回答

面對這種情況，我們可以運用「開放式提問」與「封閉式提問」相結合的方式誘導對方開口，然後說出想法。

目，讓客戶暢所欲言，可以直接從對方的回答獲得對方的喜好。

1. 以開放式話題「助攻」。

當對方不說話，我們就要觀察對方的態度，先分辨出對方是不想說，還是不知道怎麼說。倘若對方不想說，那麼我們就要將直接討論的方式，改為迂迴切入，以各種開放式話題為助攻，誘導對方說出自己的想法。改封閉式問題為開放式問題，後者更傾向於為對方透露想法提供空間。尤其在對方對你的看法不置可否時，我們更應該思考對方是否不認同我們的想法。這時候，多問開放式問題更能促使雜談有效展開。

2. 融入封閉式話題為「主攻」。

過多的開放式話題，容易造成資訊膨脹。我們期望得知對方的確切想法，那麼就需要在眾多開放式話題中加入一、兩個封閉式的選擇或判斷題，請對方回答。一般來說，開放式話題和封閉式話題的比例可以是五比一，也就是在對方不說話的前提下，我

引導對方說出想法的方法

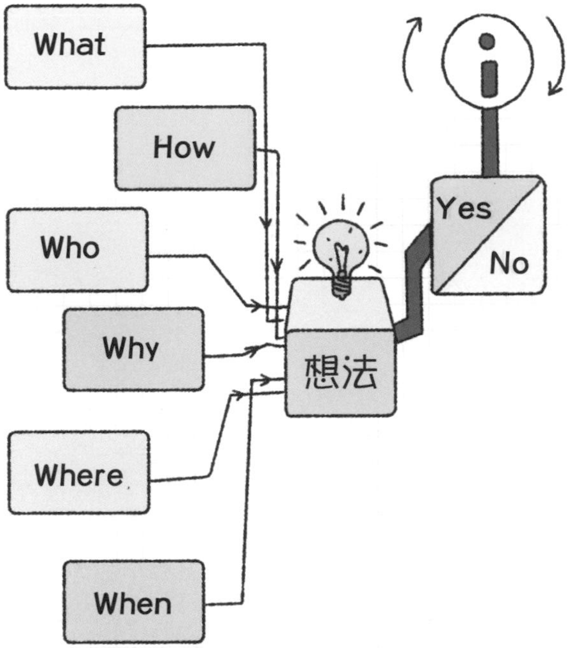

先用問題引導對方開口。

們可以先引出五個開放式的話題，然後再融入一、兩個封閉式的話題，幫助我們進一步明確對方的想法和意見。

想要知道對方內心真實的想法，我們需要巧妙的運用話題的切入和轉換技巧，盡量先提出開放式的話題，誘導對方開口，然後再融入一、兩個封閉式的問題，方便我們從對方的回答中獲得想要了解的訊息。

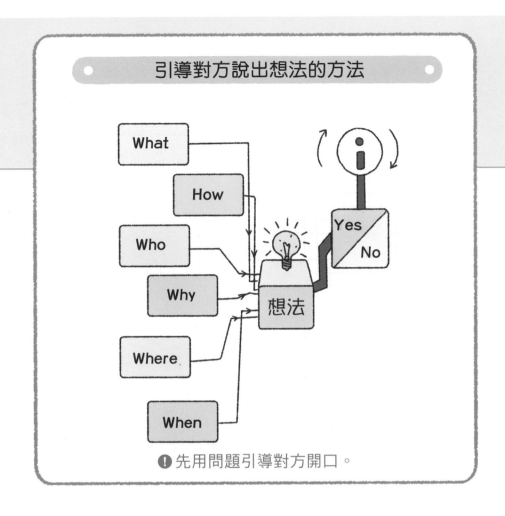

如何掌握雜談的節奏？

如果我們在雜談中感到力不從心，很可能是因為我們跟不上雜談的節奏。這種節奏有兩種，一是大家切換話題的速度，二是大家思路走向的變化速度。所以，想要雜談得力，學會適當的掌握雜談的節奏非常重要。

1. 給自己一段預熱期。

無論我們是中途加入，還是從一開始就參與了交談，都需要給自己一段預熱期，不要急於表述自己的觀點，或者表現出太強的話題牽引性。最好先聆聽和觀察，了解對方的談吐節奏和想法，然後再謀定而後動，跟上對方的節奏。

2. 了解話題切換的速度。

每個人的雜談方式都不一樣，有的人喜歡就一個問題講通、講透，有的人則喜歡海闊天空什麼都講，不求深究。看起來好像很難捉摸，但其實只要我們用心觀察，就能分辨出不同人的不同雜談習慣，從而適應他們話題切換的速度。

如何掌握雜談節奏

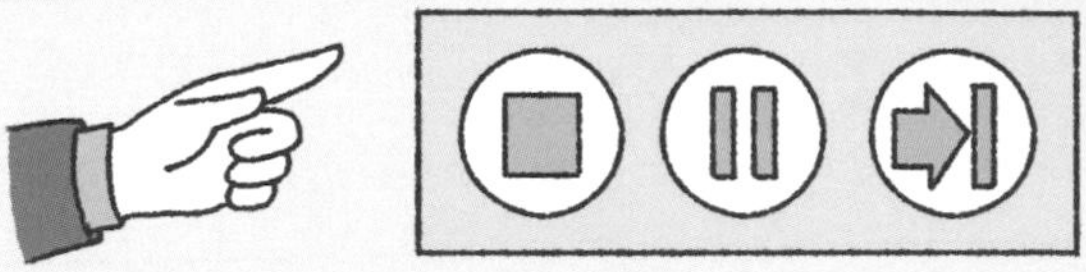

■追求資訊深度的人，話題切換速度相對較慢。

有一類型的人喜歡追求資訊的深度，他們不喜歡在一個對象相對固定的交談中不停漫無邊際的切換話題。通常，喜歡就一個話題談得更加深入的人，他們往往對該問題表現出較大的興趣和求知欲，他們會較常提問。比如你對某人提及：「你知道嗎？最近人事部經理要換人了」，如果對方的回答是類似：「是嗎？換人啦？換誰？我之前好像就有聽人事部的人提到過」，我們能明顯感受到對方在追問進一步的資訊。因此，雙方可以就「人事部經理換人」這個話題談得更加深入。

■追求資訊廣度的人，話題切換速度相對較快。

還有一種人是比較追求資訊廣度，他們在交談中更追求「短平快」（按：指投資少、周期短、見效快），表現出比較強的思維發散能力。以「人事部經理換人」這個例子來說明。一個追求資訊廣度的人聽到這個消息後，更有可能的回答是：「是嗎？換人啦？我聽說現在很多部門高層都有可能換人……」。

我們在交談中要注意一個人對資訊補充的量。一般來說，追求資訊廣度的人，同時也是交談中很主要的資訊提供者。所以，當我們發現對方不停的發散思維，補充各種相關資訊時，就要適應他並快速承接話題，加快話題轉換的速度。這時候，我們的思路應該更注重零散資訊的提供，而非深究資訊本身。這樣，就能很快的跟上對方的節奏。

3. 探索對方轉變思路的方式。

雜談節奏的背後是話題切換的節奏，而話題切換的節奏，則展現了一個人的思路轉變方式和速度。決定一個人思路轉換的內因，是一個人的價值觀和思維模式。因此，正如前面我們曾經提及的，想要更快的跟上對方的節奏和思路轉變方式，我們就需要深挖對方的價值觀及為人處世的立場。雖然這並不容易，但是非常有效。

整體來說，掌握雜談節奏也是一個需要日積月累的過程，我們不能追求一蹴而就，要多花時間去預熱。

簡單實踐法

與人交談需要我們跟得上別人的思維轉換節奏，也就是雜談的節奏。有的人趨向廣，而有的人趨向深，需要我們自己去琢磨。

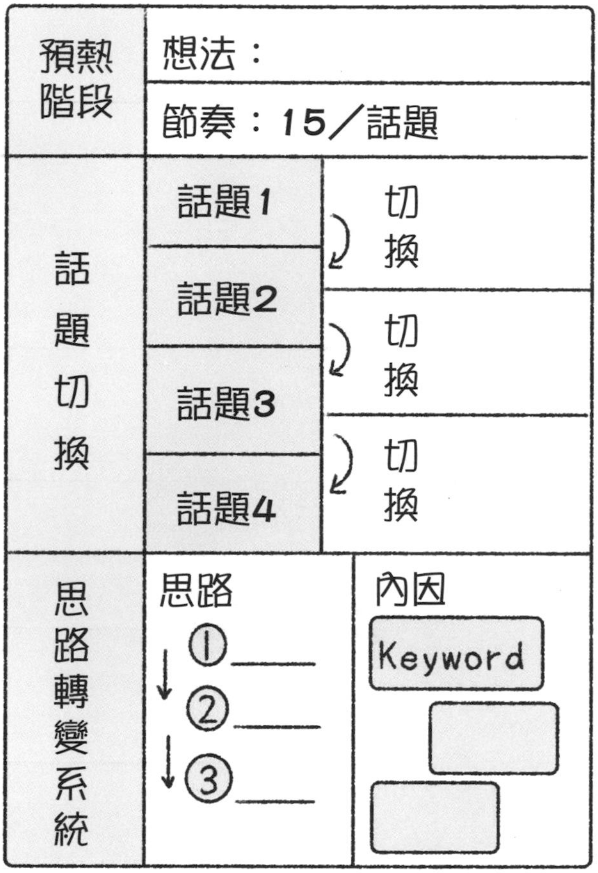
預熱階段
想法：
節奏：15／話題
話題切換
話題1
話題2
話題3
話題4
切換
切換
切換
思路轉變系統
思路
①
②
③
內因
Keyword

第6章

說話達人都知道的雜談祕訣

1 安慰人家千萬別「就事論事」，要離題

雜談作為一種與人交流的談話方式，雙方各自的雜談技巧以及話題固然重要，但我們不能忽略一個非常重要的主觀因素，那就是對方的心境。當對方情緒低落時，我們可以選擇合適的雜談話題，讓對方心情變好。

小澤因為業績考核成績不理想而鬱鬱寡歡，這時候小步關心的說：「沒關係的，小澤，你下一季度繼續努力就行，你想到什麼應對方法了嗎？」小澤聽了，沒說什麼，只是嘆了口氣。旁邊的小星安慰小澤說：「最近有沒有打算去旅行？聽人家說去一趟大理，真的能放空自我，我很想去。」小澤是個喜好旅遊的人，便和小星洋洋灑灑的聊了下去。

小星告訴小步，想要緩解對方心裡的不舒服，最好是讓話題脫離他的煩惱本身，選擇讓他放鬆又感興趣的小問題，將對方的思緒從他煩惱的事情中牽引出來。

在雜談過程中，如果對方因為某個話題的內容而感到心情不佳時，最好的辦

QUESTION 疑問

如果對方心情不好，除了安慰之外，還有哪些話題是能夠讓人覺得輕鬆、愉快的？

沒關係的，小澤，你想到什麼應對方法了嗎？
哎……
最近有沒有打算去旅行？聽說去趟大理能自我放空。

ANSWER 回答

一般來說，談旅行是一個不錯的話題，無論是談論想去哪，還是去過的地方都可以。另外，聊聊美好的「回憶」也能讓人感到愉悅。

法是避開這個話題，將對話內容轉移至一個新話題上。

1. 規避或轉移讓對方心情不好的話題。

面對心情不好的人，我們是應該就事論事的安慰對方，還是繞過讓對方難受的話題，直接切換到一個新話題？這就需要我們隨機應變，但大部分情況下，避開讓對方不開心的話題是相對保險的辦法。

因為安慰對方也要講求方法，一來，如果我們對這個問題沒有充分的了解而盲目安慰，容易給對方一種「站著說話不腰疼」的感覺；二來，如果我們對這個問題有充分的認識、有自己的意見，並且希望和對方討論出一個解決方案來，也容易增加對方的心理負擔。所以說，一旦對方心情不好，最保險的方法是先避開這個讓他心情低落的話題，先讓對方的心情好起來。

2. 換一個能讓對方感到放鬆的話題。

當對方心情不好時，我們可以適當的切換話題，將話題轉移

如何開導不開心的人

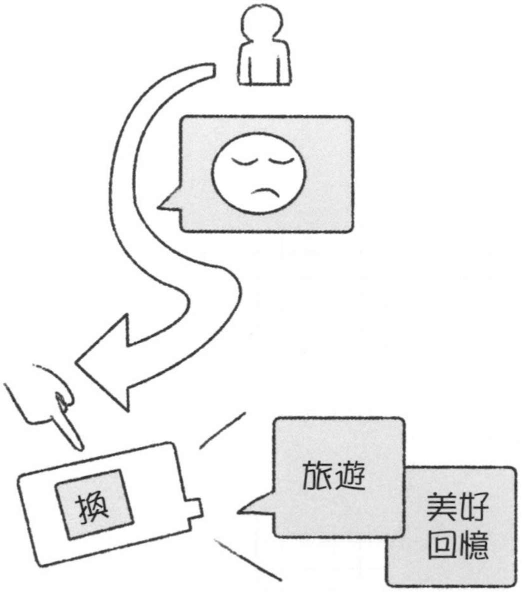

❗盡量迴避讓別人不開心的話題。

到讓人心情愉悅或者身心放鬆的話題，比如「旅行」、「學生時代的回憶」等。因為，這些話題脫離了對方此時的生活，能引導對方走出現在的心境，去回顧過去或展望即將發生的事情，從而讓心情變好。

想要讓對方心情快速的變好，我們可以做好話題的規避和轉移，避開讓對方情緒不佳的話題，將雜談話題轉移到較為輕鬆的層面上，從而幫助對方跳出原本低落的心情。

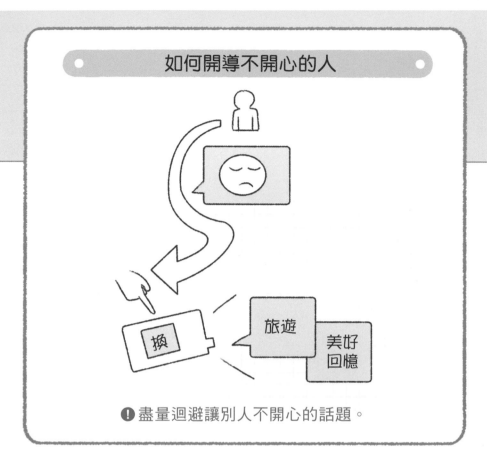

2 告別時從來不忘表達感謝

拉近雙方關係，是雜談的主要作用之一。但是，除了關注雜談過程中的雙方互動和交流之外，雜談結束時的「表現」也是非常重要的環節。結束時的告別語說得好，可以讓人印象深刻，相反的，則容易讓人淡忘。

小池和小步遇到小星，於是便聊起週末參與講座的事情，小星耐心的分享了自己的意見。隨後小星準備離開時，小池禮貌的跟小星說：「再見前輩。」而小步則謙恭的點頭道謝，說道：「謝謝前輩的指導，希望下次前輩遇到覺得不錯的講座，也能告訴我一聲，或者帶我去，讓我開開眼界。」小星聽後笑了笑說：「好的小步，下次有好的講座，一定跟妳分享。」

對於小星的介紹，大家都是隨口閒聊，小池這麼簡單的告別並無過錯。可是，小步的做法卻更值得讚許，很容易讓人以後能想起她。因為她不僅道謝，還開口要對方「以後遇上好的講座，告訴我一聲」，這是一種為以後的交集留下伏

想與客戶建立良好的合作關係，交涉過程很重要，但結束談話時的告別也不能忽視。該怎樣告別才能給人良好的印象？

ANSWER 回答

要記得感謝對方抽出時間與你交談，和你分享資訊。一句簡單的「和你合作很愉快，期待下次的見面」能禮貌的表達期望。

筆的良好樣本。

那麼告別時，如何說才能讓人印象深刻？有兩點需要我們多加注意：

1. 告別時對對方表達感謝。

如果整個交談進展良好，那麼我們可以感謝對方的資訊分享，在告別時跟對方說：「感謝你的分享，能和你聊天真的很高興。」而如果在交談中激發出某些觀點，我們可以在告別時跟對方說：「謝謝你，和你交流讓我有機會接觸到不同的觀點，獲益良多。」總之，想要讓對方對自己印象良好，就得以禮待人，在告別時多說好話，表示感激總是沒錯的。

2. 適當的為下次見面合作留下伏筆。

雜談能夠幫助對話雙方加深了解、增進關係，但這種關係不會在一次雜談中一蹴而就，而是在不斷的接觸和聯繫中加以維繫和鞏固的。所以，在我們即將和對方告別，打算結束這一次雜談

讓人印象深刻的告別

感謝之後為下次見面留下伏筆。

時，就應該為下次再見面和合作留下伏筆。比如跟對方說：「真高興能和你這樣聊，下星期我還會來這邊開會，希望到時有機會再跟你聊聊。」

當我們在與對方告別時，首先要不吝惜自己的感謝，多向對方表達你的尊重，而後要針對不同的談話對象採用不同的告別內容，為下次見面交談鋪好路。

3 滿足對方被認可的需要

不管是談生活還是談工作、對朋友還是對同事，我們在跟對方雜談交流時，都需要注重對方的感受。因為大多數的人都希望自己得到重視，越是在交談當中給予對方備受重視的感覺，對方越會有興趣跟你聊下去。

小廣知道小星願意教導新人，於是便拉著小步一起去找小星討教。小廣問：「小星哥，你能不能教我如何跟客戶打交道？」小星沒有直接回答，只是說：「如何打交道這件事，都是熟能生巧，多接觸就會懂的。」聽到小星的回答，小步不甘心，沒等小廣回答，便搶先問：「哪有，誰不知道小星哥你是我們公司的談判專家，總有一些『專家寶典』是可以傳授的吧？」聽了小步讚美的話，小星不由得拿出一些「寶典」來教育這兩個後輩。

小步的做法看起來是給對方戴高帽，其實也是在給予對方重視，讓對方感覺受到尊敬。這一點很重要，因為大家對於重視自己的人，總是更願意幫忙或者與

QUESTION 疑問

被尊重能讓人感覺良好，在交談中如何表達自己很尊重對方？

ANSWER 回答

我們可以透過讚美別人來滿足對方希望被認可的情感需求，同時也是一種尊重別人的表現。而另一種方式就是直接向別人請教。

之交流。

每一個人在內心裡都渴望得到別人的尊重和認可。因此我們可以更加注重言辭，在對話時要充分展現我們對對方的認可和推崇。這些認可和推崇能夠滿足對方被認可的需要，激發對方滿足我們請教的熱情。

1. 適時的讚美和認可非常重要。

在我們眾多的情感需求中，被認可是一種比較強烈的情感需求。我們可以透過適時的讚美和認可來滿足對方的這種主觀願望，讓對方感覺到自己的重要性。這種做法在日常生活中比較常見，效果也相對明顯。比如當同事給我們送來一份報表時，一句：「太好了，你的報表可是我眼下最重要的參考啊。」這樣簡單的一句，不僅能滿足對方的自我重要感，還能拉近彼此的距離。

2. 多徵詢對方的意見甚至是請教。

比讚美和認可更加奏效的另一種方法，是將對對方的認可訴

讓對方感到被尊重的要點

適時的讚美和認同很重要！

諸行動，直接向對方求教、求助或徵詢意見。因為直接的求教、求助行為能讓對方感受到自己確實能解決別人的問題，從而體會到自己的重要性。所以交流時，我們要多聆聽和徵詢對方的意見，多向對方討教，以表達我們需要對方幫忙的態度。

在工作或生活中，我們可以多讚美對方、多向對方討教，讓交談更加順利，增進雙方關係。

4 放大優點，讓對方感覺「被需要」

在職場中，如果我們因為各種主觀或者客觀的因素，彼此出現了心理隔閡，我們可以選擇採用合適的雜談來消除。

小廣和小步最近由於專案合作的關係，產生了心理隔閡。小步多次詢問小廣為什麼生自己的氣，小廣卻總是含糊以對不肯直說。林組長知道後，告訴小步，要解決這個問題，直截了當的問恐怕不合適，可以試試有技巧的雜談。於是小步就借某個專案合作的問題，徵詢小廣的意見，小廣回答說：「小步，妳溝通能力強，這事妳自有分寸。」小步笑了笑說：「但我專業能力比較弱，你看，我會溝通，你會專業，我們搭配一下更好。」小廣聽出小步的言外之意，也明白小步並沒有小看自己的意思。

心理隔閡很多時候是一件不會明說，也不會明做的個人感覺，過於正式的對話或談判容易戳傷感情，相較之下，雜談的效果會好很多。

QUESTION 疑問

人與人之間難免有產生分歧的時候，如果我們和朋友產生了心理隔閡，該如何消除？

ANSWER 回答

切勿直接詢問對方為什麼生氣，應先給雙方一段時間冷靜，認真找出原因並逐個解決。再尋找合適的機會與對方溝通。

因為心理隔閡具有特殊性，表示對方心中對你產生某種防範、不信任或者不滿，但程度不至於讓對方跟你反目。所以處理時，要比對「明刀明槍」爭執的處理更加謹慎，我們可以依靠恰當的交流技巧，及時消除這種隔閡，避免雙方關係疏遠。

1. 可多分享自己的失敗經驗。

如果由於我們自身的表現過於出色，導致對方產生一種心理落差，從而產生心理隔閡，這時候，我們要盡量消除對方對我們的距離感。可以多跟對方分享自己失敗的經驗，因為分享自己失敗的經驗，其實是一種將自己姿態放低的態度。說白了，是一種避免鋒芒畢露的做法。

2. 讓對方感到「被需要」。

正如前面章節所介紹的，「被需要」的感覺對於當時的心理調節有非常重要的作用。因此，當對方產生了心理隔閡時，其中一個比較常用的方法是「打人情牌」向對方求助，或者表示自己

消除心理隔閡的方式

不要覺得分享失敗很沒面子。

一個人完成不了，希望能得到對方的幫助。總而言之，就是讓對方感覺到你需要他。

3.放大對方的優點。

消除心理隔閡的一個良好辦法是讓對方從你的態度中感受到你的尊重。因此，我們可以以對方的優點作為突破點，並且放大對方的優點，揚對方之長，避對方之短，表現出你的尊重。這樣更有助消除對方對你的負面情緒。

5 成為受歡迎的人的祕訣：傳遞正能量

想要成為一個在職場之中受歡迎的人，除了個人形象之外，性格也是非常重要的影響因素。在雜談交流中表現出自己坦率、好學、謙虛等特質，更容易讓你成為一個受歡迎的人。

前輩要小澤和小池去準備一些國外案例，劈里啪啦的說了一堆，兩個人都沒聽懂。前輩問：「你們明白了嗎？」小池趕緊回答：「明白了。」小澤反而摸摸頭笑了笑：「不明白呀前輩，能舉個例子？」前輩就要小池舉例，可是小池根本不懂，支吾半天說不出來。前輩便說：「下次不懂時就像小澤那樣，直接說出來，不懂裝懂可不好喲。」小池終於明白，小澤受歡迎是因為他坦誠、率真。

或許在不少人眼中，小池的做法相對「取巧」，在有的時候能派上用場，讓我們避免不必要的尷尬。但是，小池這麼做卻無助於提升自我。相反的，小澤坦言自己不懂，開口再問，卻能真正的獲取知識，同時也表現出自己坦率的真性

QUESTION 疑問

人人都渴望得到別人的認可和喜歡，但不是人人都能做到。那麼受歡迎的人到底具有什麼樣的特徵值得我們學習？

ANSWER 回答

沒有人喜歡虛偽、充滿負能量的人，坦誠、率直的人樂於信任別人，也容易得到別人的信任。

情，更容易給人留下良好的印象。

工作和生活中，我們的個性、談吐、為人處事、儀容等，會影響到我們的受歡迎程度。但根據觀察，受歡迎的人大概也離不開一些特質，比如率直和積極。

1. 率直，更容易被人接納。

或許有的人會將各種工作、溝通技巧，看成是與別人打交道的法寶，甚至有的人認為「學會」說話，就是要學會「圓滑」、偽裝。可事實並非如此，我們需要明白，率直、勇敢的說出心中所想，反而是大多數人都喜歡的特質。率直有助於推動雙方建立更為自然的關係。靈活的交際處事技巧固然是我們需要不斷提升的軟實力，但也要不忘初心，保持率直、坦誠的原則和態度。

2. 時常傳遞正能量。

除了率直之外，是否能給對方傳遞出正能量也是非常重要的。畢竟，沒有多少人會喜歡天天訴苦的人。因此，談話過程愉

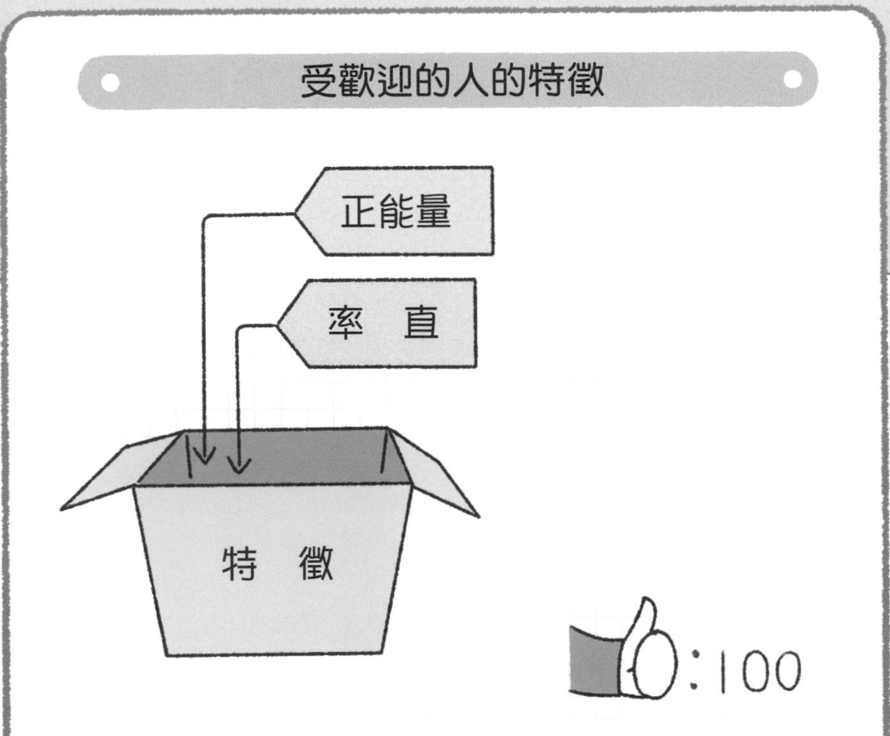

❗有正能量和率直特徵的人得到的稱讚更多。

悅輕鬆，各取所需是最理想的狀態。在這種前提下，能讓對方覺得積極向上、有愉悅感的人更容易受大家歡迎。相反的，總是自怨自艾或者消極埋怨的人，容易給對方心理壓力，因此相對沒那麼受歡迎。

率直，是坦誠對待對方的一種表現，能讓人樂意跟我們接觸；而積極，則是一種傳遞正能量的特質，對塑造個人良好形象有重要作用。

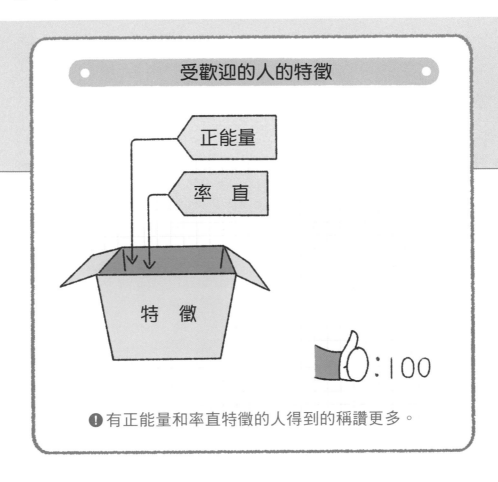

6 有目的的提問，半強制性的引導悶葫蘆參與

雖然說雜談可以是沒有目的的，只為拉近雙方之間的距離，或是幫助彼此免去尷尬的一種對話方式，但只要我們處理得有技巧，在雜談中設定恰當的話題，或者使用提問技巧來引導對方積極參與，也可以達到意想不到的效果。

小星和小池一同接待上門想要了解園林設計專案的客戶。但客戶話不多，小池多次詢問意見，客戶始終不予回應。後來，小星便問客戶：「看李總的品味，妳是一位奉行簡約主義的人？」客戶終於開口回應了，小星繼續問：「我們還有一些專門採用環保物料設計的案例，要不要也給妳展示一下？」客戶聽後覺得有點意思。接下來小星和客戶就環保、簡約、少即是多等主題交談了好一會兒。

小星告訴小池，當對方不樂意跟你聊天時，我們可以採用有針對性的技巧，將有目的的問題融入到雜談中問對方，半強制性的引導對方參與到和你的對話之中來。

雜談的話題內容雖然比其他幾種交流形式輕鬆，但不可否認的是，無論是哪

QUESTION 疑問

群聊時，大家討論得很熱絡，總有一、兩個沉默不語。我們能用什麼方式將這些「悶葫蘆」拉進聊天，或者討論中？

ANSWER 回答

最直接的辦法就是向他們提問，比如說：「○○，你怎麼看待這個問題？」但如果對方不配合，我們就得識趣的放棄。

種情境下的雜談，有部分人不願意說話、不願意參與的情況還是時常發生的。這時候，如果我們想讓對方參與到雜談中來，就要採用有意思、帶有目的性的雜談技巧。

1. 在雜談中加入適當的提問。

如果我們想誘導對方參與雜談，或者想透過雜談從對方身上獲取某些資訊，我們可以在雜談過程中有意識的加入「提問」。比如「你對這件事怎麼看？」等。這些提問之所以有意義，是因為我們在提問中融入了某些客觀資訊或者主觀猜測，以提問的形式對這些資訊進行確認，並在最後以問題來誘導對方對我們遺漏的資訊進行補充。

2. 提問要掌握好尺度。

我們可以將提問看成是有效雜談的一種高階技巧，但同時也要留意到，過多的提問不利於雙向互動型的對話，容易給對方造成心理壓力，影響對方繼續聊天的熱情。所以，在交談中使用提

有意思的雜談技巧

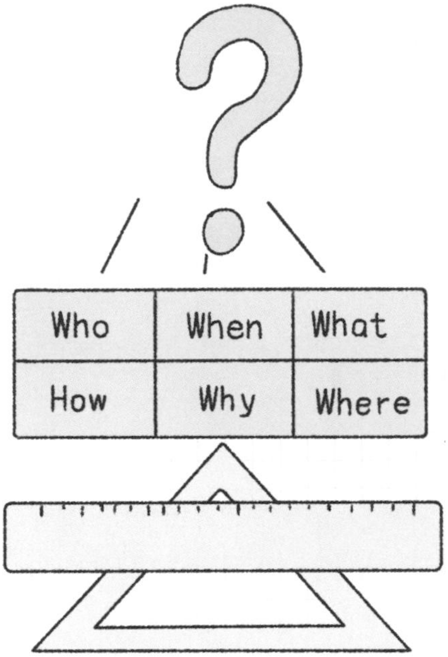

❗要掌握好提問的尺度。

問技巧，還需順應對方的反應來把握好尺度。如果對方樂意回答，那麼可以將自己想要知道的問題融入雜談中；相反的，一旦對方有負面情緒，就要減少提問次數，將話題轉移到輕鬆的內容上，讓對方繼續保持雜談的興趣。

總之在雜談中融入有技巧的提問，一方面能展現出我們高超的雜談技巧，另一方面又能讓對方參與雜談，分享資訊。但同時我們也要根據對方的反應來掌握好提問的尺度。

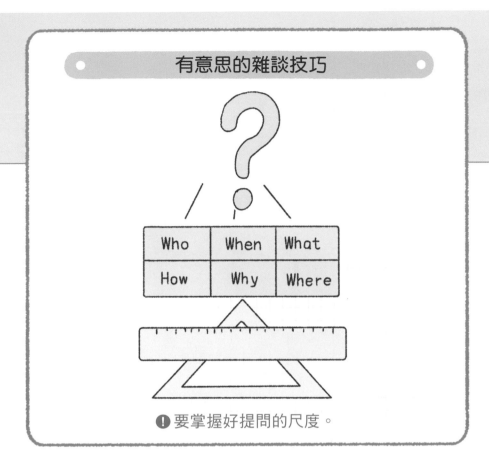

如何抓住人心？你得說他知道和想知道的

無論是日常交流的雜談，還是關於業績的商務洽談，在交流的過程中，想要最大限度的主導對話，或透過對話實現你的目的，最有效的方法是抓住人心。

1. 說對方感興趣的話題。

想要抓住人心，首先我們要引起對方的注意和興趣。這樣的情況主要有兩種。一是你對對方感興趣的話題比較熟悉。這時候，我們只須盡量抓準對方感興趣的點，提出話題。二是你對對方感興趣的話題不怎麼熟悉。這時該怎麼辦？針對這種情況，我們可以採用詢問的方式圍繞對方的興趣點展開雜談。比如可以問對方：「聽說你特別喜歡打橄欖球，這到底是一種什麼樣的運動？能跟我說說嗎？」而在此過程中，只要你表現出聽得津津有味的樣子，那麼就能讓對方保持對雜談的熱情了。

2. 說對方了解和熟悉的話題。

除了對方感興趣的話題之外，以對方了解和熟悉的內容作為雜談話題，也是最

如何抓住人心

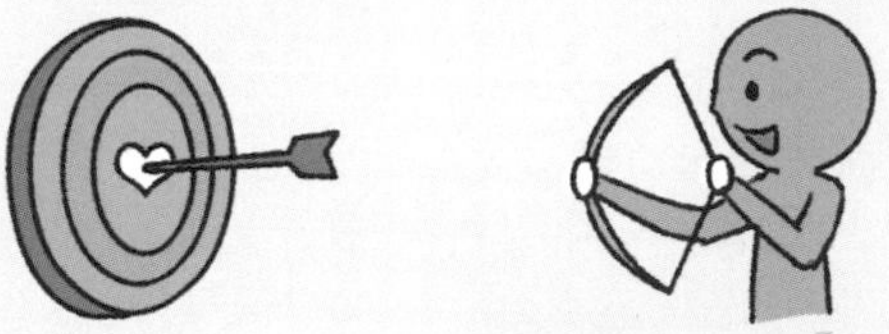

佳的選擇。因為我們相對來說比較喜歡做自己擅長的事，談論自己擅長的話題。「擅長」能幫助我們建立自信，從而在雜談中處於更具優勢的位置。因此，在雜談中，我們可以有所側重的談及對方了解和熟悉的話題。當然，不同人所了解和熟悉的話題都不一樣，我們該如何去捉摸？其實，除了每個人的個性之外，我們還可以選擇從比較保險的共通性入手。一般來說，大家都了解和熟悉的話題主要和各自的工作背景、個人價值觀、生活環境等有關。

3. 說對方當下最想要知道，或者最需要幫助的話題。

了解對方的需要並提供幫助，在很多時候是抓住人心最有效的方法。所以，如果我們對對方的需求以及境遇有充分的了解，我們就可以從這些方面找話題，為對方提供建議和意見。

■ 分享對方最想知道的資訊。

滿足對方對某一方面的好奇心，或者對方急切要了解的事件的資訊，就能抓住對方的注意力，使對方保持與你對話的熱情。而且，倘若對方是基於真切需要而渴望知道關於某個話題的資訊，那麼我們這時候分享的資訊，就如同給對方的「及時雨」，能抓住對方的心，給對方留下良好印象。

■ 就對方需要幫忙的話題提出自己的建議。

如果對方遇到了困難或者麻煩，而我們本身對此有自己的見解，那麼在這時針對對方面臨的問題展開話題，是最理想的抓住人心的方式。一來，圍繞對方需要幫忙的話題展開交流，能使我們在對方心中留下善解人意的印象；二來，如果我們提出了實用性強的建議，那麼就能為對方提供解決問題的方向。

綜上所述，在生活中想要利用雜談有效抓住人心，我們可以將對方感興趣、了解和擅長的，以及對方想知道、需要幫助的幾個話題作為雜談內容，就能有效的吸引對方，抓住人心。

簡單實踐法

想要與別人展開良好的雜談，最有效的辦法是抓住人心。我們可以從對方感興趣的、熟悉的以及最想知道的話題出發，把話說得到位。

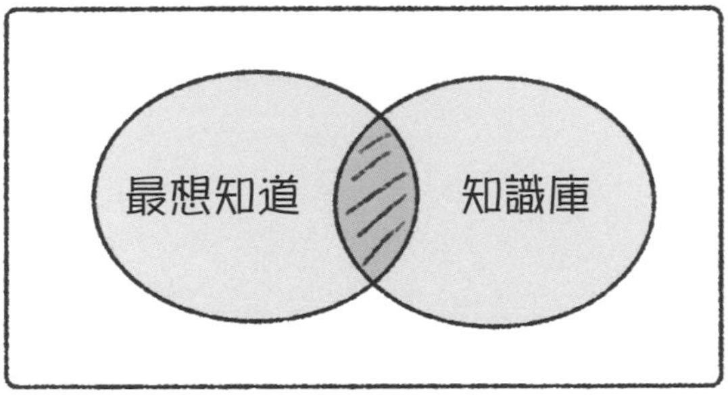

第7章

立竿見影的小技巧

1 聊完天氣，然後別再說天氣

正所謂「萬事起頭難」，想要順利的與對方展開交談，好的開始非常重要。選擇什麼樣的切入點才能萬無一失？我們可以用天氣作為切入點，這是一種比較安全、有效的做法。

小廣提前到會議室等待部門會議的開始，沒想到林組長也提前來了。小廣不知道這種一對一的場面應該如何暖場，便不出聲，在看自己的資料。這時候，小步進來了，看到林組長，便說：「哎喲，最近天氣可真是多變啊，時晴時雨的，特別煩人，林組長你說是不是？」林組長說：「可不是嘛，搞得我設計專案的靈感都沒了。」小步趕緊回答：「哪有靈感受損，一出招還是照樣驚豔！」小步用天氣作為開場白，和林組長相談甚歡。

小廣單獨面對林組長時，由於不知道該怎樣開始，而選擇低頭自顧自的看資料，這樣會給林組長一種「他很緊張」的感覺，而且不利於與主管加深了解。相

QUESTION 疑問

天氣大家都會關注，將天氣作為開啟交談的話題幾乎人人都會用。那麼接著可以承接什麼樣的話題？

哎喲，最近天氣可真是多變啊，時雨時晴的，特別煩人，林組長你說是不是？
可不是嗎，搞得我設計專案的靈感都沒了。
……

ANSWER 回答

如果對方是用天氣作為話題的開端，如「最近天氣真暖和」，你可以接能在該天氣進行的活動，如「是啊，最近有出去玩嗎？」

反的，小步選擇了以天氣作為切入點，就很順利的打開了交談的話題。

1. 天氣，是優質的共同話題。

我們都知道，想要展開雜談，開場話題非常重要。話題選好了，雜談能由此打開，話題沒選好，對方不一定樂意參與雜談。因此，選擇一個最容易讓雙方有共鳴的話題作為切入點，是比較保險的。但不同的人有不同的關注點，開場的共同話題應該如何選？這裡，我們推薦大家試試「天氣」這個話題。眾所周知，這是個備受關注，人人受影響的話題，自然也是優質的開場話題。

2. 天氣是開關，接著要切入其他話題。

天氣是很好的切入話題，但僅此而已，我們不能指望整個交談都圍繞天氣展開。否則，容易讓對方覺得你在敷衍他，或者只是純粹想打發時間，並非真心想跟他聊天。所以，以天氣作為開端，成功推動雜談展開之後，就要趕緊以新話題進行承接。比如

用天氣開啟談話

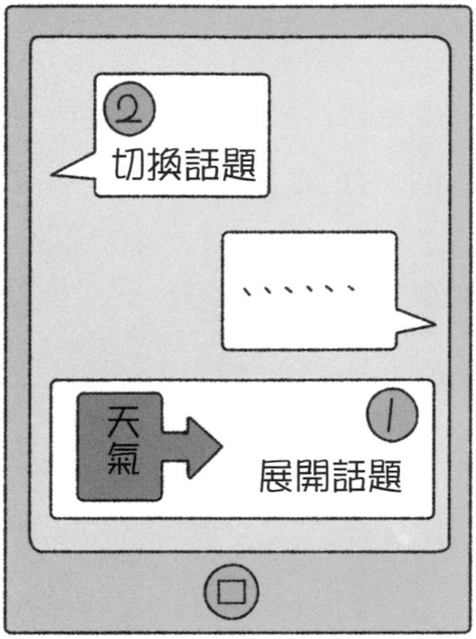

❶記得用其他話題來承接。

「梅雨天氣真的讓人很煩」，緊接著可以開啟話題：「對啊，你覺得最近有什麼電影值得我們冒雨去看的？」

天氣、氣候是打開雜談的開關，它能作為我們在絕大部分場合、與不同人交談的切入性話題。不過我們也需要在後續承接別的更加有談論意義的話題，如工作、生活相關的內容，這樣才能利用雜談讓彼此變得更加熟悉。

2 頻率是維持關係的關鍵

在人與人的日常交往中，我們會發覺，除了「見面三分情」之外，聊得好不好，有沒有共同話題也是影響彼此親密度的重要因素。有時候，如果我們和對方越來越疏遠，很可能是缺乏溝通和交流的緣故。

小廣最近參加了同學聚會，發現和當時大學的哥們兒越來越疏遠了。小廣問自己的大學好友：「聽說你畢業後到了某科技公司，不錯喔！」好友苦笑一聲：「你什麼時候的消息？我早就離開了，現在是自己當老闆啦。」這時候，另外一位大學同學湊過來笑道：「哎喲，你公司最近不錯啊，廣告都打到報紙上來了。」於是好友便和這個更加了解自己的同學聊了起來。

小廣所遇到的情況，不僅是談話技巧的問題，還在於平時沒有花時間和對方聊天，或者是進行簡單的日常問候。也就是缺乏必要的交流，從而導致相互之間的資訊缺乏更新。對彼此近況不了解，就會越來越疏遠。

QUESTION 疑問

如果和老朋友越來越疏遠了，該如何利用雜談拉近雙方關係？

ANSWER 回答

現在是智慧手機的時代，我們可以利用社交 APP 多與朋友聊天、關心他們的近況、在群聊之中互相調侃等等，多聊就不會疏遠了。

關係從來都不是一蹴而就的，哪怕你是自來熟，也需要花時間和精力去維護和各種親朋好友、同事客戶的關係。一方面要保持聯繫、維持熟絡感；另一方面還得記住不同人的特性。

1. 常保持聯繫，防止關係疏遠。

保持聯繫是維持關係最有效的方法。無論是工作夥伴、客戶，或是大學同學、朋友，即便是最近沒有空相約見面，也要經常利用各種社交軟體或者通訊方式，進行簡單的雜談，聊聊彼此的近況等。簡單如臉書的評論回覆、群聊中的應和或調侃，都能幫助你在沒辦法頻繁與對方碰面時，維護雙方關係的熟絡度。

2. 記住對方的特點，及時更新對方的資訊。

想要和對方越走越近，而不是越來越疏遠，在雜談上我們要融入「詢問近況」的話題，不時對對方的最新情況進行了解，這是讓對方感覺良好，願意跟你保持友好關係的法寶。同時，我們還需要記住不同人的特性，比如對方的喜好、忌諱等，雜談時需

防止與朋友疏遠的方法

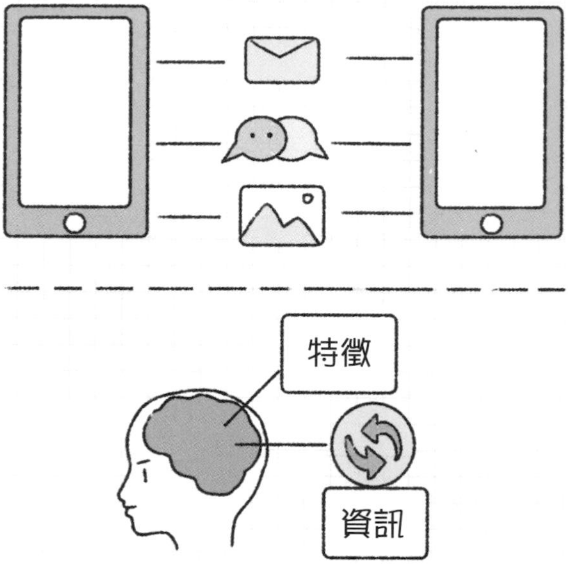

❗即使不能常見面，也要與朋友多聯繫。

要朝著對方的興趣點做話題延伸，迴避對方不樂意談論的話題，這樣就能讓對方更願意跟你親近。

確保交流的頻率，是維持好雙方關係的關鍵點，還要記住每個人的不同之處，給予對方最好的交流感受。

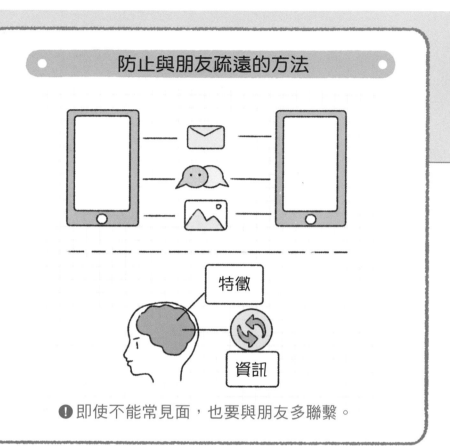

3 學會「不知道」，即便你知道

大家在職場中有沒有如下經歷？在與主管交流時，總是被主管否定。如果出現這種情況，我們除了要檢查自身意見、觀點的準確性之外，還要弄清楚，是不是我們沒有正視主管在這個話題上的「匹配度」，我們很可能提及了他不擅長卻又不想表現出來的弱項。

小池和小星遇到了正在等電梯的林組長。小池道：「林組長，我覺得現在企業粉絲團經營是大趨勢啊。」林組長聽了，興趣不大，說：「都是些不實際的東西，還特別請人來維護，恐怕效益不高吧。」小星接話：「聽說小池特別懂新媒體的門道，你讓他給我們說說吧。」小星這麼一吹捧，林組長只好認真的聽小池介紹，最後竟然表現出對圖文並茂搭配視訊的方式感興趣。

小星的簡單一句話，讓林組長覺得小池在別人眼中，對粉絲團和新媒體特別在行。在給第三方戴高帽的情況下，他就不好過分的否定你的提案。

QUESTION
疑問

與主管聊什麼話題容易給主管留下不好的印象？

ANSWER 回答

聊主管不在行的話題時要注意聊天的方式，不能以說教的姿態高高在上，要循序漸進，引導主管一層一層的了解清楚。

工作上被主管否定，是常有的事。但如果我們總是被主管否定，那麼就要尋找原因。撇開自身能力和工作表現不說，怎麼和主管交流溝通，有沒有在交談中表現出對主管的尊敬，也是重要的影響因素。

1. 別讓主管在對話中感受到弱勢。

說到「弱勢」，或許很多人會覺得：對方是主管，怎麼可能會弱勢？其實，這裡所說的是指對於某些方面他是否擅長？俗話說：「術業有專攻」。一個偌大的公司，很多人都會在自己的崗位、專業領域有著豐富的經驗和專精的技術。但是主管不可能對各方面都瞭若指掌。我們在與主管交談過程中不應帶著炫耀或驕傲的態度，讓主管感到弱勢。我們要注意循序漸進，先引導主管了解層面的東西，然後深入。

2. 多請教主管，你能學到更多。

適度的、「不經意」的讚美，使人心情愉悅。對於主管來

與主管雜談的注意事項

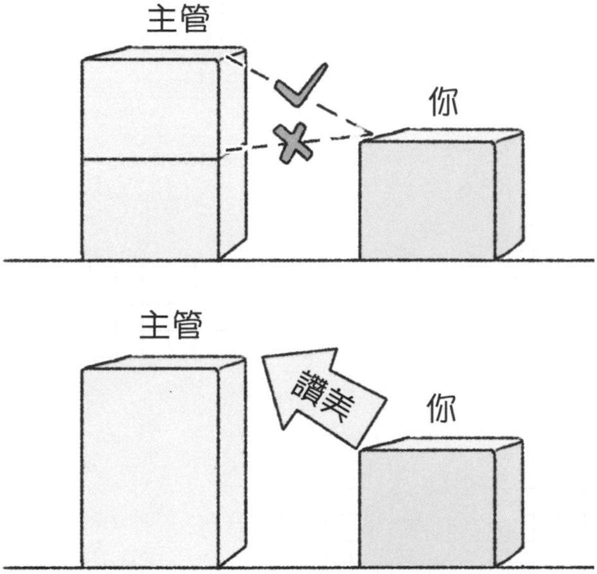

❗在專業問題上不要讓主管覺得「低人一等」。

說，向他請教是對他的一種尊重。我們必須放低自己的姿態，即便你是這個話題的行家，比如新推出的手機遊戲，你玩到成為骨灰級玩家，也不要在主管面前炫耀。反而應該適當的讚美主管在這方面緊跟潮流，表示你很想跟他請教。這樣，在整個交談中，被主管否定的可能性就會大大降低。

在工作中，除了要做好本分工作，也應該注意與主管雜談的技巧。不要讓主管在我們擅長的領域感受到弱勢，應該婉轉的表達。

4 雜談時間越長，關係溫度越低

恰到好處的雜談與接觸，是維持良好關係的關鍵。但是不是說談得越久就越好，因為雜談本身應該是一種無負擔的對話，一旦談話時間過長，容易讓對方厭煩，甚至產生反效果。

小廣迷上攝影之初，總是向攝影業餘愛好者小澤討教，一問就是一個多小時。後來小廣再約小澤，小澤總是說沒有空。小廣覺得奇怪，便向小步打聽，才得知，小澤嫌自己太能聊了，都耽誤小澤的工作了。小廣終於知道自己的問題出在哪裡。後來，小廣遇到攝影雜誌上不錯的主題時，就會去找小澤聊一下，都是兩句起，三句止，讓小澤覺得小廣很有心，而且閒聊幾句既加深了解，彼此還不累。於是，小澤和小廣很快成為了攝影好友，經常週末相約去攝影。

剛開始時，小廣迫切的想要從小澤那裡了解更多自己關注的東西，而忽略了小澤的感受，所以小澤選擇了迴避的方式。經過小步的提醒，小廣減少了單次談話的

QUESTION 疑問

與朋友或者同事聊天，一次 1 小時、2 小時和每次 20 分鐘，哪一種效果更好？

ANSWER 回答

談話時間過長、訊息量過大容易讓人感到疲倦，而且對方不一定都能記住。所以次數多，並且時間短的談話效果更好。

時間，轉而增加了平時的小接觸，得到很好的拉近距離的效果。

雜談時我們需要留意談的時間以及對方的感受，不要一次耗費對方太多時間，要讓對方在無壓力、不抗拒的前提下聊。因此，與其追求單次雜談的時間，不如增加雜談的次數。

1. 時間：過猶不及原則。

雜談講求技巧，想要獲得拉近距離的效果，關鍵不在於時間，而在於雙方在談的過程中的整體感受。所以，並不是時間越長，我們就能給對方留下越好的印象。相反的，過長的雜談時間會讓對方感覺疲勞，降低雜談的成效。其次，過多的話題內容容易讓對方無法聚焦。如果你們談了兩個小時，聊了很多話題，那麼對方將很難把這些資訊全部記住。

2. 次數：單純接觸原則。

心理學研究顯示，個體之間的親密度，會因接觸的次數多寡，以及接觸頻率的多寡而發生改變。簡單的說，你一個月之內

與人雜談需要注意的 2 點

! 接觸的次數越多，親密感就會越強烈。

拜訪客戶兩次，和一年內拜訪同一個客戶兩次所取得的效果是不同的，因為明顯前者的接觸頻率相對較高。所以說，如果想增進雙方關係，注意短期內的單純接觸，提升接觸頻率是非常有效的做法。

總之，想要借助雜談來加深雙方關係，我們應該增加接觸的次數，提升雜談的頻率，而非一味的追求單次雜談的時間長度。

5 讓在場的每個人都能參與

在職場中除了一對一的雜談，還會有多人對話的時候，我們需要留意其他參與者的感受。只要在場的參與者或潛在參與者總數超過兩位，我們就需要顧及整體的談話效果，不能忽略了暫時沒有參與話題的人的感受。

有一次公司員工聚會，小廣和小步兩個人一直自顧自的交談，周圍插不上話的幾個同事面面相覷一臉尷尬。這時候林組長幫他們圓場：「都說年輕人有說不完的新鮮事，不如也讓小步和小廣給我們分享一下？」小步明白林組長的意思，便說：「我們在討論租房子的問題，小廣想要租一間離公司更近的公寓。」話題說開了之後，不少有經驗的前輩給小廣很多建議，場面就熱鬧起來了。

小廣和小步談得起興，將其他人晾在一旁，不僅顯得沒有禮貌，也容易讓其他同事對兩人產生負面印象。而林組長主動讓他們分享話題，才將兩個人的對話轉變為集體閒聊。

QUESTION 疑問

與同學聚會時，如果其中一位同學老是抓著你聊天，而把其他幾位晾在一邊，該怎麼化解尷尬？

ANSWER 回答

遇到這種情況，我們可以找準時機將話題轉交給別人，讓其他人也參與到談話中來。比如「小李，你怎麼看？」

當我們在一個多人場合的環境下，雜談的最基本要求是兼顧多方參與者，盡可能調動大家參與其中的興趣。如果無法充當主導者，我們也可以作為話題的承接人，做好「傳球」工作，不要一味的有選擇性的和其中一、兩個人聊天，而冷落了其他人。

1. 避免一對一長時間交談。

如果對方一直說話，你無法及時停止，那麼可以嘗試找準時機，將話題轉給其他人，做好「傳球」工作。這個時機可以是客觀的，也可以是主觀的。比如對方談到股票問題，如果你想婉轉脫離對話，可以說：「我聽說小李是股市高手，你們可以好好聊聊。」像這樣，以對話的話題作為引子，引出一個新的對話對象，並表示自己的意圖是「希望給對方找一個更優質的討論對象」，這樣既做到了婉轉，又結束了長時間一對一雜談的尷尬。

2. 盡可能的讓更多的人參與到話題中來。

多人場合下，我們要盡可能的讓更多人參與談話。可以從兩

多人談話的注意事項

❗每一個人都參與談話是最佳的形式。

方面入手，在雜談話題上，我們可以選擇相對主流和大眾的，大家關注度都比較高的話題，另一方面，要充分調動大家參與的積極性。可以選擇一些誘導性的話語，如：「小劉，你覺得呢？」、「小雲你說對不對？」多用這些承接兩方的話題，來調動更多人參與到話題中來。

多人場合下，最基本的雜談技巧是調動更多的人參與雜談，兼顧各方參與者的感受，避免過多的一對一雜談。

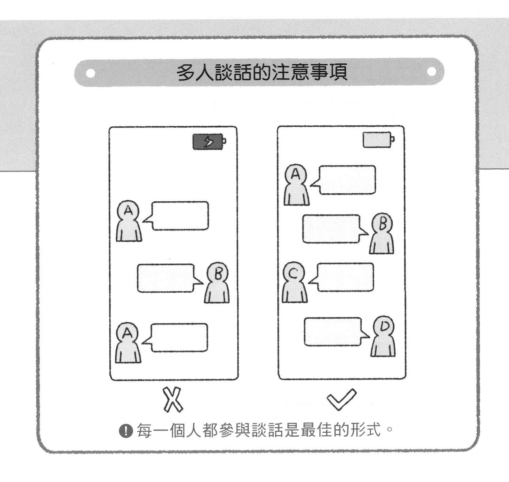

6 這不是辯論，不要急著表露看法

我們的話語往往透露著自己對事物的看法，因此，在雜談中要注意「三思而後言」，切不可過快的表露自己對某事物的主觀看法。因為急於表露個人主觀看法，尤其是負面看法，很容易給人一種以偏概全的感覺。

小星最近帶小池和小步合作一個專案，小步按照自己跟客戶接觸所得出的主觀結論，認定客戶比較傾向於蘇州園林的風格。而小池則覺得目前客戶的喜好還難以下判斷，希望多旁敲側擊進一步確認客戶意向。雙方就此爭執不下。小星見狀便說道：「其實，我覺得小步固然有想法，但對於初次合作的客戶，我們不妨再深入了解一番，畢竟立馬給客戶下判斷，是很危險的。」小步這才明白了自己的問題所在。

小步的尷尬在於她急於表露自己的主觀判斷，而這種主觀判斷不全面，缺乏客觀審視的過程，容易給人一種看待事情過於片面的負面印象。

QUESTION 疑問

什麼是「以偏概全」？怎樣才能避免在雜談中「以偏概全」？

ANSWER 回答

以偏概全是指看待問題不全面，甚至帶有偏見的特徵。避免的方法是：多思考、多聆聽，全面看待問題，然後再發聲。

以偏概全是指一種看待事物不夠客觀全面，具有偏見，容易以點帶面的特性。雖然說我們的主觀看法很重要，但如果是片面的，甚至是帶有偏見的主觀意見，就不要急於說出來，要深思之後再表達自己的觀點。

1. 先聆聽、思考，再發聲。

在談話中，我們可以先聆聽其他人對於這件事情的看法，如果大家已經談論出一個大概的主流方向，那麼我們最好順應著這個主流方向去發表意見，這樣更容易融入雜談。如果雜談參與者各執一詞，我們可以將自身的主觀意見融入到自己支持的一方之中。當然，雜談並非辯論，談論可以停留在蜻蜓點水的程度，沒必要過度爭執。

2. 盡量客觀的分析，不要憑主觀臆想去評價和判斷。

當然，如果不想成為以偏概全的人，最理想的做法是調整我們的思路以及對事物的判斷方式，要學會全面的分析，不要鑽牛

避免成為以偏概全的方法

❗先安靜聆聽，充分思考後，再發表觀點。

角尖。比如我們不能只看到對方「工作狂，對部屬特別嚴厲」的一面，還得客觀的分析和看待其對部屬嚴厲的影響，比如讓部屬進步特別快、獨立性特別強等。

避免成為以偏概全的人，我們可以從說話和思考兩方面入手：一方面調整自己的說話方式，先聆聽和思考然後再表達意見；另一方面，要學會客觀全面的看待問題，不要總是根據主觀判斷去評價某個人和某件事。

雜談的最大敵人：完美主義傾向

完美主義是一種容易對事物處處表現不滿，事事追求極致完美，難以忍受瑕疵和不足的一種性格表現。現實生活中，有不少人具備一定的完美主義傾向，自己卻不清楚這一點。因此，我們可以適當的對自己進行完美主義度檢查。

1. 過於看重細節，以至於搞錯重點。

細節在一定程度上對事物的發展，有非常重要的影響，但細節不等於一切。只有抓住重點，才能使事情朝著我們預設的方向發展。因此，如果我們抓住細節不放，甚至失去了方向，忽視了關鍵環節，那麼就表示我們具有一定的完美主義傾向。我們要訓練自己多留意重點，並且有意識的控制自己圍繞著重點進行思考。

2. 為了追求工作而犧牲娛樂和人際交流。

一般來說，我們的身心會發出「疲勞」、「需要放鬆」的訊號，這是我們追求勞逸結合，維持正常生活交際的必要環節。如果我們刻意去忽視這種訊號，為了工作

如何檢查

而犧牲掉個人娛樂和交際活動，終日圍繞工作而運轉，那麼這也是完美主義的一種表現，需要有意識的進行調整，做到勞逸結合。

3. 過於執著於道德倫理價值觀，不懂通融。

如果我們認定了一個道德倫理觀點，就一味認為與這個觀點相悖的事情都是錯誤的，那麼我們就需要審視自己是否過於追求完美。比方說，我們認為子女應該和父母同住，照顧父母。一旦發現有的子女追求自己的生活，讓父母獨居，就覺得這種做法是錯誤的。雖然，這和我們的道德倫理觀點相悖，可這真的就是一個「錯誤」的做法嗎？

4. 對於沒有價值的回憶，就是不願扔掉。

每個人都有屬於自己的回憶，但不代表說每一段回憶都是有價值的。如果一個人對這種沒價值的回憶念念不忘，甚至沉浸其中，那麼就容易陷入追求完美主義的輪迴中，耗費自己的精神而得不到裨益。

5. 對於不服從自己的人，沒辦法與其交流。

完美主義者往往對自己的觀點比較執拗，聽不進別人的意見，更沒辦法跟與自己觀念或者價值觀不一樣的人交流。如果我們有這樣的心態，就需要警惕自己過於追求完美了，會使自己出現人際交往的危機。

6. 頑固不化。

頑固不化說白了就是難以勸服，總是不聽別人的勸告，認準的事情就一個勁的埋頭苦幹，等碰壁之後，也不懂得反思自己是否思路和方法出現了問題。這種頑固不化，大部分情況都是不可取的，因為這不僅辛苦了自己和別人，也容易讓事情達不到預期效果。

整體來說，追求完美的態度並非錯事，但如果程度太深，就容易讓自己出現人際交往危機，也不利於工作和生活的展開。所以，完美主義這個問題，我們要時刻自省，使之停留在一個有追求但不強求的程度，才是最理想的。

簡單實踐法

適度的完美主義能幫助我們提高工作和生活的品質，但是過於完美主義就會有一些負面影響，所以要不時的自我檢視一下，不要讓完美主義成為貶義詞！

程度／特徵	嚴重	一般	輕微
看重細節			
工作狂			
執著			
念舊			
控制欲			
頑固			

参考＆引用資料

【1】 櫻井 弘，《誰と会っても会話に困らない 雑談力サクッとノート》［M］，東京：永岡書店，2014。

【2】 魚住 りえ，《たった１分で会話が弾み、印象まで良くなる聞く力の 教科書》［M］，東京：東洋經濟新報社，2017。

【3】 百田尚樹，《雑談力》（PHP新書）［M］，東京：PHP研究所，2016。

【4】 雑学研究倶楽部，《あなたの雑談力を上げる！話のネタ大全 会話力 向上シリーズ》［M］，東京：SMART GATE Inc，2016。

【5】 PATTERSON K,GRENNY J,MCMILLAN R,et al, *Crucial conversations:Tools for talking when stakes are hig*h [M], Lnded. New York:McGraw-Hill Education, 2011.

【6】 PERROTTA D, *Conversation Casanova: How to Effortlessly Start Conversations and Flirt Like a Pro* ［M］, New York：CreateSpace Independent Publishing Platform, 2016.

【7】 MIPHAM S, *The Lost Art of Good Conversation: A Mindful Way to Connect with Others and Enrich Everyday Life* ［M］, New York:Harmony, 2017.

國家圖書館出版品預行編目（CIP）資料

雜談的能力：生活中想遇到好康、工作時想
遠離爛事，你得從不談正事的軟話題開始／
速溶綜合研究所著；
--初版-- 臺北市：大是文化, 2019.05
224面；17 × 23公分 --（Biz；293）

ISBN 978-957-9164-98-6（平裝）

1. 說話藝術 2. 口才 3. 溝通技巧

192.32 108003364

Biz 293

雜談的能力

生活中想遇到好康、工作時想遠離爛事，你得從不談正事的軟話題開始

作　　者／速溶綜合研究所
責任編輯／蕭麗娟
校對編輯／陳竑悳
美術編輯／張皓婷
副總編輯／顏惠君
總 編 輯／吳依瑋
發 行 人／徐仲秋
會　　計／林妙燕
版權主任／林螢瑄
版權經理／郝麗珍
行銷企劃／徐千晴
業務助理／王德渝
業務專員／馬絮盈
業務經理／林裕安
總 經 理／陳絜吾

出 版 者／大是文化有限公司
臺北市 100 衡陽路 7 號 8 樓
編輯部電話：（02）23757911
購書相關資訊請洽：（02）23757911 分機 122
24 小時讀者服務傳真：（02）23756999
讀者服務 Email：haom@ms28.hinet.net
郵政劃撥帳號／ 19983366 戶名／大是文化有限公司

香港發行／里人文化事業有限公司 “Anyone Cultural Enterprise Ltd”
地址：香港新界荃灣橫龍街 78 號正好工業大廈 22 樓 A 室
22/F Block A, Jing Ho Industrial Building, 78 Wang Lung Street,
Tsuen Wan, N.T., H.K.
電話：（852）24192288
傳真：（852）24191887
Email：anyone@biznetvigator.com

封面設計／ Patrice
內頁排版設計／ Judy
印　　刷／緯峰印刷股份有限公司
出版日期／ 2019 年 5 月初版
2019 年 6 月 21 日初版 2 刷
定　　價／新臺幣 340 元（缺頁或裝訂錯誤的書，請寄回更換）
ISBN 978-957-9164-98-6